# 미국의 대통령 선거

# 차례
Contents

# 미국 헌법과 대통령 선거

 2008년 미국의 대통령 선거일은 선거인단 선거는 11월 4일, 선거인단의 간접적인 대통령 선거일은 12월 15일이다. 우리나라 같으면 11월 4일 각 정당과 무소속 후보에 대해서 국민들이 한 번 투표해서 1표라도 더 많이 국민의 지지를 받은 자가 대통령에 당선될 것이다.

 그러나 미국의 대통령 선거는 우리나라와 같이 하루에 간단하게 쉽게 끝나는 것이 아니라 1년 이상 긴 선거과정, 그리고 여러 단계의 복잡한 선거과정을 거쳐 대통령을 선출하기 때문에 외국 사람은 말할 것도 없고 미국인 자신들도 그들의 대통령 선거과정을 제대로 알고 있는 사람은 그리 많지 않다.

 미국의 대통령 선거가 왜 이렇게 길고 복잡하면서 여러 단계를 거치며 또한 형식적으로 보면 아주 비민주적이고 비능률적인 과정을 거치는 제도를 채택하고 있는가 하는 의문을 갖지 않을 수 없다. 이는 13개의 식민지 국가가 아메리카합중국으로 연방이 되는 과정에서 연방에 가입하는 주(국가)는 큰 주나 작은 주나 동등한 권한을 갖는다는 약속이 있었는데, 이러한 약속이 연방헌법 제정과정에서 그대로 반영되었고, 특히 의회의원 배분과 대통령 선거과정에서도 각 주는 동등한 입장에서 권한을 행사한다는 대전제가 있었기 때문이다.

또한 미국은 당시 유럽에서 성행하던 절대군주 제도를 본받지 않고, 새로운 정치구조 즉 그 당시까지는 세계 어느 곳에도 없었던 대통령제라는 새로운 제도를 마련하면서 새로운 선거방법을 모색하지 않을 수 없었기 때문에 대통령 선거과정이 과거 선거제도보다 특이하지 않을 수 없었다.

헌법 제정과정에서 큰 주와 작은 주의 이익계산이 현저하게 대립되었다. 우선 의회구성에 있어서 큰 주를 대표한 버지니아 주는 양원제로 하면서 의원 수를 주의 인구비례에 따라 배정하자는 안을 주장하였고, 작은 주를 대표한 뉴저지 주는 의회를 단원제로 하면서 의원 수는 주의 인구와 관계없이 모든 주가 동등한 의원을 갖자는 안을 주장하여 큰 대립이 있었다.

또한 대통령직과 대통령 선거과정에 대해서도 큰 주와 작은 주 사이에 격렬한 의견 대립이 있었다. 대통령이 1명이면 유럽의 절대주의와 같이 권력이 1인에게 집중되어 독재를 할 가능성이 높기 때문에 여러 명의 대통령, 최저 3명 정도는(동부, 중부, 서부에 각각 1명) 되어야 한다는 의견과 최고통수권자인 대통령이 3명이나 되면 국가통수권이 무력하고 혼선이 있기 때문에 1명으로 해야 한다는 의견도 있었다. 그리고 대통령을 직선할 것인가 간선할 것인가, 간선을 할 때 어떤 방법으로 할 것인가 등에 대해서도 의견 차이가 있었다.

큰 주를 대표한 버지니아 주와 작은 주를 대표한 뉴저지 주가 각각 주장하는 안을 놓고 격렬한 논쟁이 벌어져 미국의 연방건국과 연방헌법 제정에 난항을 거듭하여 사실상 교착상태에 빠졌다. 이러한 교착상태를 해결하기 위해서 중간크기의 중도적인 입장을 대변하는 코네티컷 주가 중재안을 제시하여 이 안이 최종적으로 미국연방헌법으로 채택되었다.

코네티컷 주의 중재안 내용은 의회 구성에 있어서 큰 주의 의견을 받아들여 양원제를 채택하면서 하원만은 인구비례로 의원수를 주에 배정하였고, 작은 주의 의견을 받아들여 상원은 큰 주와 작은 주의 인구와 관계없이 모든 주에 동등하게 2명의 상원의원을 배정해주고, 대통령 선거에서 선거인단의 과반수를 획득한 후보가 없을 때에는 하원에서 대통령을 간접적으로 선거를 하되 하원 각자가 1표씩 투표권을 행사하는 것이 아니라 큰 주와 작은 주의 구별 없이 각각 주를 대표해서 각 주에 1표씩 동등하게 투표권을 행사하도록 하여 큰 주와 작은 주가 타협을 하도록 하였다.

대통령직과 선거에 있어서 코네티컷 주의 중재안은 대통령은 1명으로 하고 선출방법은 큰 주가 주장하는 국민이 직선하는 것도 아니고 작은 주가 주장하는 모든 주가 동등하게 의회에서 대통령 선출 투표권을 행사하는 안도 아닌 제3의 중재안으로써 의회의원 배정원칙에서 아이디어를 얻어 대통령을 선출하는 새로운 선거인단 제도를 고안해낸 것이다. 각 주의 선거인단의 구성은 각 주의 상원의원과 하원의원 수를 합한 수만큼 각 주에 선거인단을 배정하도록 하였다. 예를 들면 A주가 상원 2명, 하원 5명이면 A주에 배정된 선거인단은 7명으로 한다는 것이다.

각 주에 배정된 선거인단의 선거는 초기에는 각 주의 주의원들이 각 정파의 선거인단을 간접적으로 선거하였다. 그러나 1804년 수정헌법 12조 이후에는 주민州民들이 각 주에 배정된 선거인단을 직접선출하게 되어 오늘에 이르고 있다. 각 주의 선거인단의 선출방법은 각 정당과 후보들의 국민 지지율에 따라 선거인단을 배분하는 것이 아니라 각 정당의 각 후보들은 그 주에서 주민들로부터 1표라도 더 많은 지지를 받는 후보가 그 주에 배정된 선거인단을 모두 가져가는 승자독점방식 제도를 채택하였다. 선거인단들이 선출되면 12월 둘째 수요일 다음 월요일에 이들 선거인단들이 간접으로 대통령을 선출하게 하였다. 선거인단의 과반수를 득표하는 후보가 대통령에 당선되었다.

만약 선거인단 투표결과 과반수 득표자가 없을 때는 1804년 전까지는 후보자 상위 5명, 그 이후부터는 후보자 상위 3

명을 후보로 하여 하원에서 투표를 통해 대통령을 선출한다. 이때 하원 각자가 1표씩 투표권을 행사하면 하원의원 수가 많은 주 출신의 대통령 후보가 유리하기 때문에 의원 1인 1표가 아니라 1주 1표, 즉 모든 주가 동등하게 1표씩만 행사하도록 하여 작은 주의 불만을 해소시켜 주었다. 반면에 부통령이 선거인단의 과반수를 획득하지 못할 때는 후보자 상위 2명을 후보로 하여 상원에서 투표를 통해 부통령을 선출한다. 이때는 큰 주와 작은 주가 동등하게 상원을 갖고 있기 때문에 상원 1인 1표를 채택해서 과반수를 얻는 자가 부통령에 당선되도록 하였다.

미국 대통령 선거가 복잡하게 된 것은 미국 건국의 배경과 헌법 제정과정의 배경, 또한 큰 주와 작은 주의 의견수렴 그리고 건국 당시의 어려운 정치사회 상황 등에서 기인한다. 이 모든 것을 타협하고 조정하는 과정에서 아메리카합중국이 탄생되었기 때문이다. 또한 건국 당시 국토는 넓은데 교통 통신이 발달하지 못하고 국민들이 글을 모르고, 민도가 낮았기 때문에 직접 대통령을 뽑을 수 없는 상황에서 직선도 할 수 없고 그렇다고 국민의 의사가 제대로 반영되지 않는 의회의 순수한 간접선거도 할 수 없었기 때문에 직접선거와 간접선거를 혼합한 대통령 선거인단 제도를 운영하지 않으면 안 되었던 탓도 있다.

미국의 50개 주에서 대통령 선거인단 선출방법은 각양각색이기 때문에 사실상 50개 국가의 대통령 선거를 따로 따로 하여 마지막으로 선거인단을 합산한 것과 같은 성격을 갖고 있기 때문에 사실상 50개 국가의 대통령 선거와 같고 미국의 대통령 선거과정이 다단계적이고 복잡하지 않을 수 없다. 미국의 대통령 선거과정이 복잡하고 비민주적인 측면이 있으면서도 오늘날 미국은 오랜 대통령 선거 체험에 의해 어느 나라보다 민주적으로 잘 운영되고 있다고 평가받고 있다.

우리는 미국의 대통령 선거과정의 분석을 통해 미국 대통령 선거의 진면목과 이 제도의 장·단점을 파악하고 미국의 오랜 경험을 배우는 교훈을 얻어야 할 것이다.

## 수정헌법 12조와 대통령 선거과정의 변화

초기의 미국 대통령 선거과정에서 현재의 미국 대통령 선거과정으로 큰 변화의 계기는 1804년 수정헌법 12조와 건국 초기에 예상하지 못했던 정당제도, 특히 양당제도의 발전이었다.

초기(1789~1804)의 미국 대통령선거가 현재의 제도와 크게 다른 점은 다음과 같다.

첫째, 선거인단을 주민州民이 직접 선출하지 않고 주의회에서 간접적으로 선출하였다.

둘째, 각 정파의 대통령 후보도 지금과 같이 전국 전당대회에서 지명하는 것이 아니라 당의 주의회 의원총회가 대통령후보를 지명하였다. 따라서 한 정당에서도 여러 개의 주에서 따로따로 후보자를 선출하여 후보자가 난립하는 경향이 있었다.

셋째, 대통령 후보와 부통령 후보가 따로따로 없고 모두가 대통령후보로서 선거인단 투표에서 1위 득표자가 대통령, 2위 득표자가 부통령이 되었는데, 선거인단은 1인 1표가 아니고 1인이 2표의 투표권을 행사하였다.

넷째, 각 당의 정·부통령의 러닝메이트제도가 없어서 정·부통령이 반대당에서 선출될 수 있었다는 점이다.

다섯째, 워싱턴 이후에는 대통령 후보의 난립으로 선거인단 투표에서 과반수의 득표자가 없어서 선거인단들이 대통령을 결정하지 못하고 하원에서 대통령을 선출하는 사례가 두 번이 있었다. 선거인단의 과반수의 득표자가 없을 때는 선거인단 선거에서 상위 5위 득표자 중에서 하원에서 과반수 득표자를 대통령으로 선출하였다. 그리고 부통령 후보자가 선거인단의 과반수 득표자가 없을 때는 상위 2인 중에서 상원이 결정하였다. 상원이 부통령을 선출할 경우 상원의원 각자는 1표씩의 투표권을 행사할 수 있으며 과반수의 득표자가 부통령에 당선되었다.

1804년에 수정헌법 제12조가 채택되었는데 여기에서 채택된 선거절차가 대개 오늘날까지 계속되고 있다. 수정헌법 12조 채택과 정당제도의 발달에 의해 과거와 비교해서 대통령 선거과정에 많은 변화가 있었다.

첫째, 선거인단을 주민州民들이 직접 선출하게 되었다. 과거에는 선거인단을 주의회 의원들이 간선하였다.

둘째, 각 정당은 각 당의 주의회 의원총회에서 여러 명의 대통령 후보를 지명하는 것이 아니라 각 당의 전국 전당대회에서 1명만 대통령 후보로 지명하였다.

셋째, 후보 등록부터 대통령 후보와 부통령 후보가 따로따로 출마하였다. 과거에는 정·부통령 후보가 따로 없고 모든 후보가 대통령 후보가 되고 1위 득표자가 대통령, 2위 득표자가 부통령이 되었다.

넷째, 정당제도가 발달하면서 정·부통령 런닝메이트 제도가 정착되어, 정·부통령이 같은 정당에서 선출되게 되었다.

다섯째, 선거인단 선거에서 선거인단 총수의 과반수 득표자가 없을 때는 상위득표자 3위 중에서 하원에서 선출하도록 하였는데 과반수 득표자가 대통령에 당선되었다.

여섯째, 선거인단은 대통령 후보에게 1표, 부통령 후보에게 1표 따로따로 투표하였다. 과거에는 선거인단 1인이 대통령 후보에게 2표를 찍었다.

일곱째, 정당의 후보지명과정인 예비선거제도와 지명 전당대회제도를 도입하게 되었다.

# 전당대회를 위한 대의원 선출

　미국 정당 발전과 대통령 후보 지명대회 발전은 각 정당의 전당대회와 연계되어 발전하였다. 대통령 입후보자의 지명절차에 관해서도 양대 정당이 발전하여 감에 따라 각 정당에서는 과연 누구를 출마시킬 것인가에 관하여 구체적으로 논의하게 되었고 그 결과 지명절차도 발전하게 된 것이다.

　미국 대통령 선거과정의 중요한 단계로는 첫째 민주·공화 양당의 대통령 후보 지명을 위한 전당대회 대의원을 뽑는 코커스와 프라이머리 단계, 둘째 민주·공화 양당의 대통령 후보 지명을 위한 전당대회와 정·부통령 후보결정, 셋째 11월 첫째 월요일 다음 화요일(2008년 대선일은 11월 4일)에 주민州民들의 각 주에 배정된 선거인단 선출(이 날을 보통 미국 대통령 선거일로 알고

**미국 대선 일정표(2008년 기준)**

| 선거<br>단계 | 프라이머리<br>와 코커스 | 양 당의<br>전당대회 | 대통령 선거인단<br>선거 | 선거인단의<br>간접선거 | 의회의<br>간접선거 |
|---|---|---|---|---|---|
| 일정 | 선거 해<br>1~6월<br>(주법과<br>당규로<br>결정) | 선거 해<br>7~9월<br>(당규로<br>정함) | 선거 해 11월<br>첫째 월요일<br>다음 화요일<br>(법률로 규정) | 선거 해 12월<br>둘째 수요일<br>다음 월요일<br>(법률로 규정) | 선거 다음 해<br>1월 6~20일<br>(법률로 규정) |

있다), 넷째 이들 선거인단들이 12월 둘째 수요일 다음 월요일
(2008년 대선일은 12월 15일)에 간접적으로 대통령을 선출하는 단
계, 다섯째 선거인단의 과반수 득표자가 없을 때는 대통령은
상위 3위자에 한해 하원에서 선출하고, 부통령 후보가 과반수
득표자가 없을 때는 상위 2위자에 한해 상원에서 부통령을 선
출한다. 여섯째 정·부통령 당선자는 선거해 익년 1월 20일에
대통령직에 취임한다.

미국 연방헌법은 대통령 후보의 지명절차에 관한 언급이
없다. 연방헌법뿐만 아니라 다른 법률들도 대통령 지명절차에
관한 별도의 규정이 없다. 단지 몇몇 주의 주법州法들이 그 주
에서 행하여지는 주 정당대회의 절차, 예를 들면 과연 어떠한
대의원들이 이 정당대회에 참가하며, 또 그들은 어떠한 방식
으로 투표하는가에 관한 규정이 있을 뿐이다.

19세기 초까지만 해도 일반 유권자들은 매 4년마다 11월에
있는 대통령 선거의 민주당과 공화당 후보를 결정하는 데 있
어서 사실상 발언권이 없었다. 각 정당의 대통령 후보들은 흔
히 정당 내 유력한 의회의원, 강력한 주지사, 주 및 지방자치

단체급의 당 관료 등 당 수뇌들에 의해 결정되었다.[1] 그러나 19세기 후반부터 서서히 각 주에 따라 일반 당원과 주의 일반 주민들도 전당대회 대의원을 선출하는 데 참가하는 프라이머리제도가 발전하게 되었다.

## 전당대회 대의원 선거과정인 프라이머리와 코커스

미국 대통령 선거과정의 첫 번째 단계는 민주당과 공화당의 대통령 후보 선출을 위한 전당대회의 대의원을 선출하는 프라이머리 과정이라 할 수 있다. 전당대회 대의원을 선출하는 과정은 각 주의 주법, 주당의 당규, 전국위원회의 규정에 의해 진행되기 때문에 다양한 방법으로 전당대회 대의원을 선출하고 있다. 그러나 최근 미국의 각 주에서 민주당과 공화당의 전당대회 대의원을 선출하는 방법은 코커스(caucus: 당원대회) 방법과 프라이머리(primary: 예비선거) 방법 두 가지를 주로 활용하고 있다.

2008년 대선의 민주·공화 양당 후보를 선출하는 미국 전역의 경선이 지난 2004년 대선보다 한 달 빨라져 2008년 1월 초부터 시작되었다. 경선의 시작을 알리는 아이오와 코커스와 뉴햄프셔 프라이머리가 각각 2008년 1월 3일과 1월 8일에 실시되었다. 코커스는 아이오와 코커스가 원조이고, 프라이머리는 뉴햄프셔 프라이머리가 원조로 알려져 있으며 그 영향력도 대단하다.

또 각 주가 경선 일정을 경쟁적으로 앞당기면서 선거인단이 많은 뉴욕, 캘리포니아, 뉴저지, 조지아 등 약 22개 주가 동시에 2008년 2월 5일의 '슈퍼화요일'에 경선을 실시하였다. 처음 10여개 주가 화요일 동시에 경선을 실시한다고 해 이름 붙여진 '슈퍼화요일'은 2004년 미 대선의 경우 3월 첫째 화요일이었다. 그러나 2008년 대선의 슈퍼화요일은 2월 첫째 화요일인 2월 5일로 1개월 앞당겨졌다. 이에 따라 2008년의 민주·공화 양당의 대선 후보는 실제 대선일(2008.11.4.)을 9개월 앞두고 윤곽이 드러나게 되었다.

현재 코커스는 약 17개주에서, 프라이머리는 33개주에서 실시한다. 그러나 각 주의 '경선 앞당기기' 경쟁으로 2008년 1월에는 모두 7개 주에서 코커스 또는 프라이머리가 실시되었다. 2004년 대선 때는 아이오와와 뉴햄프셔 두 곳뿐이었다. 각 주의 경선일자가 확정되면서 뉴햄프셔 주는 1952년 이후 전국에서 가장 먼저 프라이머리를 치르는 전통을 이어가게 됐다. 2008년 미 대선의 경선은 1월 3일 아이오와 코커스를 시작으로 1월 8일 뉴햄프셔 프라이머리, 2월 5일 '슈퍼화요일'을 거쳐 2월 19일 민주당 하와이 코커스, 워싱턴, 위스콘신 프라이머리, 3월 4일 텍사스, 오하이오, 로드아일랜드, 버몬트 프라이머리, 6월 3일 몬태나, 사우스다코타, 뉴멕시코 프라이머리, 6월 28일 공화당 네브래스카 코커스를 끝으로 예비선거를 마치게 된다.

각 주가 전당대회 대의원을 선출하는 코커스와 프라이머리

시기를 경쟁하듯 앞당기는 이유는 각 주가 미 대선과정 초기에 영향을 미치고, 이런 영향력을 바탕으로 예비후보들로부터 주에 대한 지원 공약을 받아내려는 데서 비롯됐다. 주의 경선 일자는 어디까지나 주 정부가 결정할 사항이다. 요컨대 뉴햄프셔 주와 아이오와 주는 주법州法에 경선을 전국에서 가장 먼저 치러야 한다고 명시하고 있다.[2]

## 민주당과 공화당의 전당대회 대의원 숫자와 그 종류

민주당과 공화당의 대통령 후보를 선출하는 전당대회에 참석할 수 있는 대의원의 수와 전당대회에서 예비선거 때 지지한 후보자를 투표해야 하는 대의원인지 아니면 예비선거 때의 지지와 관계없이 전당대회에서 자유롭게 투표할 수 있는 대의원인지 대의원의 종류도 민주당과 공화당에 따라 상이하다.

각 당 후보들이 사력을 다해 경선 유세를 하는 것은 자신을 지지할 전당대회 대의원(delegate)을 한 명이라도 더 확보하기 위해서다. 전당대회에서 결정되는 각 당의 대선 후보는 각 주에 할당돼 있는 대의원이 전당대회장에 직접 가서 지지 후보에게 투표하는 간접선거의 방식으로 선출된다. 각 후보는 각 주의 경선에서 승리하면 그만큼 자기편 대의원을 전당대회장에 더 보낼 수 있다. 민주당과 공화당 모두 대의원이 직책을 떠나거나, 탈당, 전당대회 불참, 혹은 당이 각 주의 대의원 숫자를 어떻게 조정하느냐에 따라 최종 대의원 숫자는 바뀔 수 있다. 예를 들면 지난번 대통령 선거(2004)에서 자기 당의 후보가 승리한 정당에서는 그 주에 노고의 대가로 대의원 수를 프리미엄으로 몇 석 더 추가해주는 제도가 민주·공화 양당에 함께 사용되고 있다.

### 민주당 전당대회의 대의원 종류

민주당의 대의원 종류에는 특정후보 지지를 선언한 선언대의원(pledged delegate, 구속대의원 혹은 약속대의원)과 지지후보를 표명할 필요가 없는 비선언대의원(unpledged delegate, 비구속대의원 혹은 비약속대의원), 그리고 자유롭게 투표할 수 있는 슈퍼대의원(super delegate)으로 대별할 수 있다. 각 후보가 주 경선에서 쟁취하려고 하는 대의원은 구속력이 있는 대의원이다. 주별로 선출되거나 임명되는 선언대의원은 특정 후보 지지를 사전에 표명하지만, 법적으로 전당대회장에서 그 후보에게 반드시 투표해야할 의무는 없다. 그래서 각 후보들은 주별로 선언대의원의 목록을 재검토해 배신 가능성이 있는 선언대의원을 제외하기도 한다. 선언대의원이라 하더라도 전당대회에서 1차 투표에 한해서는 약속을 어느 정도 지키지만 1차 투표에서 대통령 후보가 결정되지 않고 2차, 3차 투표를 할 때는 선언대의원도 자유롭게 어느 후보에게나 투표할 수 있다.

슈퍼대의원은 민주당전국위원회(DNC) 멤버나 상·하원 의원, 주지사, 전직 정·부통령 같은 당 지도부 등으로 구성돼 있다. 이들은 특정 후보에 대한 지지표명의 의무가 없고 선출절차도 없다. 자신이 원하는 후보를 마음대로 지지할 수 있기 때문에 각 당 후보들은 이들을 자신 편으로 끌어오기 위해 모든 가용한 수단과 방법을 동원한다. 만약 슈퍼대의원이 사망하거나 전당대회에 참석하지 못하더라도 대체할 대의원을 따로 정하지 않는다. 슈퍼대의원 제도를 채택한 것은 민주·공화 양당의 중진들을 전당대회장에 많이 모이게 하고 전당대회를 더욱 빛나게 하기 위해서이다. 당의 중진들을 선언대의원으로 선출해 놓으면 특정후보를 지지해야 되는 부담도 있고, 전당대회장에 잘 나오지 않는 경향이 있었기 때문에 이런 부담에서 벗어나게 해서 전당대회에 중진들이 많이 참석해서 자유롭게 투표할 수 있게 하고 영향력을 더 많이 발휘할 수 있도록 하기 위해 슈퍼대의원 제도가 채택되었다.

미국 대선에서 양당의 대통령 후보가 되기 위해 확보해야하는 대의원 수를 흔히 '매직 넘버'라고 한다. 2008년 대통령 후보 지명을 위한 민주당 전당대회 총 대의원은 4049명, 이중 3253명이 선언대의원이고, 비선언대의원은 591명이고 슈퍼대의원은 205명이다. 민주당 전체 대의원의 과반수, 즉 매직 넘버 2025명을 확보한 후보가 민주당의 대통령 후보로 지명된다. 슈퍼대의원은 전체 대의원의 약 20% 정도가 된다.

### 공화당 전당대회의 대의원 종류

공화당의 대의원 종류에는 특정후보 지지를 표명한 선언대의원과 특정 후보 지지표명의 의무가 없는 비선언대의원으로 대별할 수 있다. 선언대의원은 민주당의 선언대의원과 같다. 비선언대의원 중 대다수는 선언대의원처럼 선출절차를 밟는다. 형식적으로는 지지후보를 자유롭게 결정할 수 있으나 특정 후보에 대한 지지 성향(commitment)을 갖는다. 비선언대의원 중 나머지 일부는 당의장과 공화당전국위원회(RNC) 멤버들인데, 이들은 당내 직위로 인해 자동적으로 대의원이 된다. 이 때문에 이들을 '비선언 공화당 전국위원회 멤버 대의원'이라고 부른다. 해당 주의 경선결과에 관계없이 자유롭게 지지후보를 결정할 수 있다. 민주당의 슈퍼대의원과 같은 성격을 갖고 있다. 비선언대의원은 전체 대의원의 약 20% 정도가 된다.

2008년 공화당 대통령 후보 지명을 위한 전당대회 총 대의원은 2380명, 이 중 1917명이 선언대의원이고 463명이 비선언대의원이다. 비선언대의원 중 슈퍼대의원 즉 '비선언 공화당 전국위원회 멤버 대의원'은 123명이다. 총 대의원의 과반수인 1191명을 확보한 후보가 공화당의 대선 후보로 지명된다.[3]

**민주당과 공화당의 대통령 후보 지명에 필요한 대의원 숫자**

본선에 나가는 대통령 후보로 확정되기 위해선 민주당과 공화당의 전당대회 대의원의 과반수를 득표해야 한다. 민주당의 경우 2008년 8월 콜로라도 주 덴버에서 열리는 전당대회에서 대의원 4050명 가운데 과반인 2026명을 확보해야 한다. 또 공화당은 오는 9월 미네소타 주 미니애폴리스에서 열리는 전당대회에서 전체 대의원 2380명 중 과반인 1191명의 지지를 받는 자가 정식 공화당 대통령 후보가 되는 것이다.

1936년까지 민주당과 공화당의 대통령 후보 지명 전당대회에서 대통령 후보가 되려면 전당대회 대의원 전체의 3분의 2 이상 지지를 받아야 했다. 그래서 이때는 전당대회에서 1회로서 대통령 후보를 지명하지 못하고 수차례의, 심지어는 103회의 투표를 하는 등, 어려움이 많아져 각 당은 당규를 고쳐 1936년 이후부터는 대의원 2분의 1 이상 지지로 대통령 후보를 지명하기로 하였다.

## 전당대회 대의원 선출방법

미국 대통령 후보 경선에서 전당대회 대의원 선출방식은 민주당과 공화당이 다르고, 코커스와 프라이머리에 따라 다르며, 각 주마다도 제각각이다. 우선 양당은 모두 코커스와 프라이머리를 치른다. 민주·공화 양당의 당원대회만 보더라도 공화당 당원대회의 경우 유권자들은 삼삼오오 모여 토론을 한 뒤 지지 후보에게 투표한다. 선거관리위원회는 각 후보의 득표율을 계산하고, 득표율에 따라 대의원 숫자를 배분한다. 공화당은 당원대회를 통해 9월 전당대회에 참가하는 전국대의원을 결정하고 있다.

민주당 당원대회는 더 복잡하다. 유권자들은 선거구(precinct)별로 모여 특정 후보를 지지하는 그룹으로 나뉜 뒤, 특정 후보를 지지하는 대의원을 선출한다. 이렇게 뽑힌 대의원들은 군 (county) 단위 전당대회(convention)에서, 주(state) 전당대회에 참석할 대의원을 또다시 선출한다. 이렇게 뽑힌 대의원들은 같은 후보를 지지하는 대의원을 '주 대의원'으로 뽑는다. 주 대의원들은 역시 같은 후보를 지지하는 '전국대의원(national delegates)'을 선출하게 된다. 프라이머리에서 치른 당원대회는 각 주에 있는 선거구 단위의 후보별 대의원을 선출한다. 이후 각 주별 일정에 따라 군, 주, 전국 단위의 대의원을 선출한다. 그러나한 가지 특이한 것은 대의원들이 전당대회에서 자신이 지지했던 대의원을 반드시 선택해야 할 의무가 없다는 점이다. 비선언대의원은 말할 것도 없고 선언대의원도 사실상 전당대회에서 자유롭게 투표할 수 있다.

프라이머리는 코커스보다 훨씬 간단하다. 양당의 경우 유권자들은 각 후보에 대해 투표하고, 선거관리위원회는 득표율에 따라 각 후보별로 대의원을 배분하거나, 승자독식방식에 의해 대의원을 특정 후보에 몰아준다.[4] 대의원 결정 방식도 각 주와 각 정당에 따라 득표율에 의해서 대의원을 배정하는 경우도 있고, 승자독점방식에 의해서 결정하는 경우가 있어 각양각색이라 할 수 있다. 공화당과 민주당의 대의원 선출방식을 알기 쉽게 나타내면 다음 그림과 같다.

## 공화·민주당 대의원 선출방식

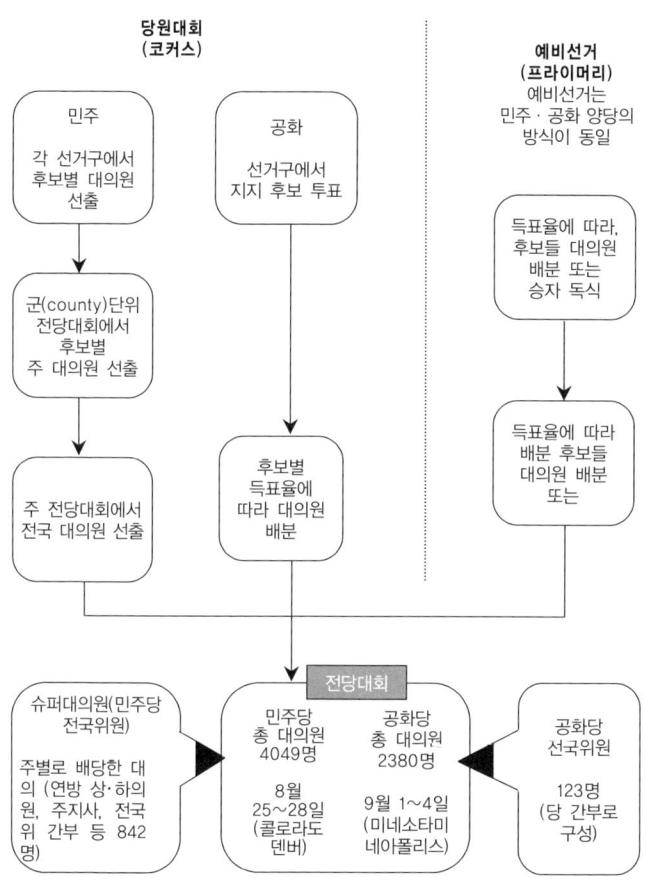

**당원대회**
**(코커스)**

**예비선거**
**(프라이머리)**
예비선거는
민주·공화 양당의
방식이 동일

민주

각 선거구에서
후보별 대의원
선출

공화

선거구에서
지지 후보 투표

득표율에 따라,
후보들 대의원
배분 또는
승자 독식

군(county)단위
전당대회에서
후보별
주 대의원 선출

득표율에 따라
배분 후보들
대의원 배분
또는

주 전당대회에서
전국 대의원 선출

후보별
득표율에
따라 대의원
배분

**전당대회**

슈퍼대의원(민주당
전국위원)

주별로 배당한 대
의 (연방 상·하의
원, 주지사, 전국
위 간부 등 842
명)

민주당
총 대의원
4049명

8월
25~28일
(콜로라도
덴버)

공화당
총 대의원
2380명

9월 1~4일
(미네소타미
네아폴리스)

공화당
선국위원

123명
(당 간부로
구성)

출처: 조선일보, 2008.1.22.

21

민주당과 공화당의 대통령 후보 지명을 위한 전당대회 대의원을 선출하는 방법에는 코커스와 프라이머리 두 종류가 있다. 코커스와 프라이머리 전체를 합쳐서 우리는 흔히 예비선거라 부를 때가 많다. 이 예비선거에서 관심을 두고 보아야 할 것은 아이오와 코커스, 뉴햄프셔 프라이머리, 그리고 슈퍼화요일 선거라고 할 수 있다.

예비선거에 투표할 수 있는 사람은 일반 유권자와 같이 예비선거일에 만 18세가 되어야 일반적으로 투표할 수 있다. 그러나 메릴랜드 주는 2008년 대선 예비선거에서 11월 4일에 18세가 되는 17세의 예비유권자에게 투표권을 허용하고 있다. 통상적으로 예비선거에 투표권을 행사할 수 있는 사람은 18세가 되어야 하지만, 금년에 메릴랜드 주에서 한 고등학생이 대통령 선거일에 만 18세가 되는 예비유권자에게도 예비선거 투표권을 주어야 한다고 몇 번의 청원을 한 결과, 그것이 메릴랜드 주정부에서 받아들여져 예비선거권을 획득하게 되었다.

## 코커스 제도를 통한 대의원 선출과정

### _코커스 제도란

예전에는 민주당과 공화당의 간부들이 대의원과 공직선거 후보자를 뽑는 전통이 있었다. 그래서 과거의 의미는 정당의 간부 또는 영수들이 모여 회의를 하는 폐쇄적인 간부회의였다. 미국에서 양당정치가 시행되기 전에는 의회의원들이 자기

소속 정당의 대통령 지명을 위한 비공식적인 집회를 가졌는데 이 비공식적인 회의가 코커스 제도의 기원이었다.

그러나 최근의 코커스라는 의미는 민주당과 공화당의 각종 선출직 후보자 특히 대통령 후보를 선출하기 위한 전국전당대회에 파견할 각 주의 각 정당의 대의원을 선출하는 당원대회를 의미한다. 코커스는 각 주와 각 정당에 따라 다양하게 실시되고 있다.

코커스에서는 각 정당의 당원으로 등록된 당원만이 투표할 수 있다. 코커스는 당내 행사이기 때문에 주정부가 아닌 민주당과 공화당의 주위원회가 선거를 주관한다. 민주·공화 양당의 프라이머리 경선이 주정부 주관으로 일괄 처리되는 것과는 달리 주별 코커스는 양당이 각각 따로 열기도 한다. 민주당 아이오와 코커스는 당원들이 모여 토론을 벌인 뒤 비밀투표 대신 지지 후보 팻말 주변에 모여 후보자를 선택하고, 15% 득표율에 미달한 후보를 택한 당원은 후보를 다시 선택하는 독특한 형태를 띠고 있다.

코커스는 대회 당일 저녁 당원들이 학교, 교회나 큰 강당에 모여 후보자별로 공개적인 지지 그룹을 형성하고 그 숫자에 따라 대의원 숫자를 결정한다. 프라이머리와 같이 비밀 투표를 하지 않는다.

_아이오와 코커스

대통령 선거 년도에 따라 약간 다르기는 하지만 미국 대통령 후보를 선출하는 대의원을 뽑는 제도의 하나인 코커스 제도는 2008년 미 대선에서 10-13개 주에서 실시한다. 코커스를 실시하는 주가 일정하지 않는 것은 각 주의 주법과 민주·공화 양당의 당규에 따라 코커스 제도로 할 것인가, 프라이머리 제도를 통해 대의원을 뽑을 것인가가 정해지기 때문이다.

2008년 대통령 선거에 열리는 10-13개 주의 코커스 중에서 아이오와 코커스가 가장 중요하고 유명하다. 아이오와 코커스는 코커스를 실시하는 주 중에서 가장 오랜 전통을 갖고 있으며 또한 가장 먼저 실시하기 때문이다.

지금까지 코커스의 원조는 아이오와 주이다. 그래서 아이오와 코커스라는 이름 앞에는 '전국 최초(first-in-the nation)'라는 말이 따라 다닌다. 아이오와 주가 미국 대선에서 주목을 받게 된 것은 1972년 1월 24일 민주당이 첫 코커스를 아이오와에서 개최한 것이 계기가 됐다. 공화당도 1976년부터 아이오와에서 민주당과 같은 날에 첫 코커스를 열면서 아이오와 코커스는 미국 대선 전체 방향을 가늠할 수 있는 잣대가 되고 있다.[5]

일반적으로 아이오와 코커스에서 승리하면 언론의 집중관심과 정치자금이 많이 모인다고 하는데, 2008년 아이오와 코커스 승리자에게도 언론의 관심과 정치자금이 집중되고, 이로 인해 정치자금의 흐름이 바뀌었다고 한다.

1996년 대통령 선거에서 루이지애나 주가 아이오와 주보다 먼저 코커스를 실시하기로 도전장을 내밀어 코커스 개최를 두고 원조 다툼이 벌어졌다. 루이지애나 주는 전례 없이 아이오와 주보다 엿새 앞선 1996년 2월 6일 공화당 코커스를 개최해 전국 최초자리를 노렸다. 그러나 날짜를 앞당긴 것만으로는 원조 자리를 차지하긴 힘들었다. 아이오와 주는 루이지애나의 도전에도 불구하고 후보들과 언론들로부터 원조로 공인받는 데 성공했다. 그래서 코커스 하면 아이오와 코커스라고 자타가 인정할 만큼 유명하게 되었다.

루이지애나 주가 아이오와 주보다 코커스 날짜를 앞당겨도 코커스 원조를 인정받지 못하자 그 이후부터는 아이오와보다 앞서 코커스를 실시하려는 주가 나타나지 않았다. 아이오와 코커스는 인구와 배정된 대의원은 적은 편인데도 아이오와 코커스 승리의 중요성은 여기에서 이기면 앞으로 있을 각 주의 코커스와 프라이머리에 지대한 영향을 미칠 수 있기 때문에 어느 주의 코커스보다 중요하다. 아이오와 코커스에서 이기면 언론의 관심을 집중적으로 받게 되고, 정치자금이 집중적으로 몰려 초기에 기반이 약한 후보라도 도약의 발판을 만들 수 있는 좋은 기회가 된다.

아이오와 코커스는 뉴햄프셔 프라이머리보다 비중이 낮기는 하지만 그 영향력은 적지 않다. 아이오와 코커스는 각 정당의 수많은 후보들(보통 100명, 많게는 300명의 예비후보) 가운데 4-5명으로 정리하는 역할을 한다. 그래서 아이오와 코커스는 대선가도의 1차적 관문이라 할 수 있다. 여기에 비해 뉴햄프셔 프라이머리는 아이오와 코커스에서 1차 4-5명으로 정리된 후보 가운데 1-2명으로 압축하는 역할을 한다고 할 수 있다.

2008년 1월 3일, 2008년 미국 대통령 선거 민주당과 공화당 대통령 후보 선출에 앞서 전당대회 대의원 선출을 위한 아이오와 코커스가 전국에서 가장 먼저 실시되었다. 아이오와 코커스에서 민주당과 공화당의 예비후보들에 대한 평소 여론조사 예측과 실제 투표결과 사이에 이변이 일어났다.

미국 대선 레이스의 출발점이자 민주·공화 양당의 첫 경선인 아이오와 코커스에서 유권자들은 변화를 선택했다. 민주당 코커스에서는 2004년에 처음 연방 상원에 진출한 흑인인 버락 오바마Barack Hussein Obama 상원의원이 38%를 득표해 작년 내내 대세론을 이끌었던 2선의 힐러리 클린턴Hillary Diane Rodham 상원의원(29%)과 노련한 존 에드워즈Johnny Reid Edwards 전 상원의원(30%)을 눌렀다.

또 불과 6개월 전까지만 해도 공화당 예비후보 중 지지율이 가장 낮았던 남부 침례교 목사 출신의 허커비Michael Dale Mike Huckabee 전 아칸소 주지사는 34%를 얻어, 동부 기득권층인 매사추세츠 주지사 출신의 미트 롬니Willard Mitt Romney(26%)를 따돌렸다. 뉴욕의 9·11테러 대응으로 전국적인 지명도를 얻었던 루돌프 줄리아니Rudolph William Louis Giuliani III 전 뉴욕시장은 아예 아이오와 코커스를 포기하다시피 했고 6위에 그쳤다.

이날 코커스에서 흑인인 오바마 의원과 지난 10월 초까지 지지율이 5%에 머물렀던 허커비 전 주지사가 2위 후보와 각각 8-9%포인트 차이로 크게 승리함에 따라 아이오와 주의 민주·공화 양당 당원들이 기성 정치인이 아닌 참신한 후보를 선택했다고 분석할 수 있다. 아이오와 코커스는 양당의 경선에서 차지하는 대의원 수의 비중은 크지 않지만, 앞으로 진행될 미국 경선의 풍향계 역할을 한다는 점에서 중요하게 평가받고 있다. 이와 같이 아이오와 코커스는 후보군을 4-5명으로 정리하는 역할을 한다.[6]

미국 민주당에서는 1976년 이후 8번의 아이오와 코커스에서 1위를 차지한 사람 중 6명이 대선 후보가 됐다. 공화당에서도 8명 중 6명이 최종 대선 후보로 선출됐다. 양당 모두 아이오와에서 선두를 차지한 인물의 '대선후보 적중률'이 75%에 달하는 셈이다.

## 프라이머리를 통한 전당대회 대의원 선출

### _프라이머리 제도란

민주·공화 양당의 대통령 후보 선출을 위한 전당대회 대의원을 선출하는 방법에는 크게 코커스 제도와 프라이머리 제도가 있다. 미국 50개주 중에 프라이머리제도를 택하고 있는 주는 대선 때마다 그 숫자가 약간 다르다. 왜냐하면 프라이머리 제도를 통해 대의원을 뽑을 것인가 또는 코커스 제도에 의해서 대의원을 뽑을 것인가는 연방정부가 획일적으로 관여, 주관하는 것이 아니라 각 주의 주법과 민주·공화 양당의 주州 당규와 전국위원회 규정에 의해서 결정할 수 있기 때문이다.

## 2008년 민주·공화당의 아이오와 코커스 결과

| 순위 | 민주당(득표율) | 공화당(득표율) |
|---|---|---|
| 1 | 오바마(37.6%) | 허커비(34.3%) |
| 2 | 에드워즈(29.7%) | 롬니(25.3%) |
| 3 | 힐러리(29.5%) | 톰슨(13.4%) |
| 4 | 리처드슨(2.1%) | 매케인(13.1%) |
| 5 | 바이든(0.9%) | 폴(10.0%) |
| 6 | 기타(0.1%) | 줄리아니(3.5%) |
| 7 | | 기타(0.4%) |

## 역대 아이오와 코커스 결과

| 민주당 | | | 공화당 | |
|---|---|---|---|---|
| 아이오와 승자 | 후보 지명자 | | 아이오와 승자 | 후보 지명자 |
| 지미 카터 | 지미 카터 | 1980년 | 조지 HW 부시 | 로널드 레이건 |
| 월터 먼데일 | 월터 먼데일 | 1984년 | 로널드 레이건 | 로널드 레이건* |
| 리처드 게파트 | 마이크 듀카키스 | 1988년 | 밥 돌 | 조지 HW 부시 |
| 톰 하킨 | 빌 클린턴 | 1992년 | 조지 HW 부시 | 조지 HW 부시 |
| 빌 클린턴 | 빌 클린턴* | 1996년 | 밥 돌 | 밥 돌 |
| 앨 고어 | 앨 고어 | 2000년 | 조지 W 부시 | 조지 W 부시 |
| 존 케리 | 존 케리 | 2004년 | 조지 W 부시 | 조지 W 부시* |
| 버락 오바마 | ? | 2008년 | 마이크 허커비 | ? |

*현역 대통령 출마, 사실상 경선 없이 후보로 선출됨.

그런데 2008년 미국 대선에서는 대략 36-40개 주가 프라이머리를 실시하고 있다. 프라이머리를 실시하는 주 중에는 뉴햄프셔 프라이머리가 매우 중요하며 의미가 크다.

프라이머리는 정당간부회의, 지역전당대회의 폐쇄성과 비민주성을 개선하고자 채택된 제도이다. 프라이머리는 전당대회 대의원을 선출하는데 당 간부와 당원뿐만 아니라 일반 주민들까지도 전당대회 대의원 선출과정에 참여할 수 있는 개방적이고 민주적인 대의원 선출 제도라 할 수 있다.

　프라이머리 제도란 당원이든 비당원이든 누구나 투표하겠다고 등록만 하면 투표할 수 있는 것이다. 이것이 당원만 투표할 수 있는 코커스 제도와 다른 점이다. 코커스는 당원들이 특정 시간에 학교, 도서관 등의 공공장소에 모여 토론을 벌인 뒤 대의원을 선출하는데, 프라이머리는 특별한 집회나 연설 없이 일반 선거를 치르듯이 당원과 일반 유권자가 모두 참여하며 일반 투표와 같이 선거일 하루 동안 투표소에 가서 비밀투표를 하여 지지율에 따라 대의원을 배분하거나 승자독점방식으로 대의원을 몰아주고 있다. 득표율에 따라 대의원을 배분할 것인가 승자독점방식에 의해서 대의원을 배분할 것인가는 각 주에 따라 다르며 어느 것을 채택할 것인가는 주법과 민주·공화 양당의 당규에 의해서 결정된다.

　프라이머리에는 공개프라이머리와 폐쇄프라이머리가 있다. 공개프라이머리는 주민들이 민주·공화 양당 프라이머리에 제약 없이 마음대로 어느 정당 프라이머리에나 참여할 수 있는 제도이고, 폐쇄프라이머리는 주민들이 민주당과 공화당 프라이머리 중 자기가 참여하겠다고 등록한 정당의 프라이머리에만 참여할 수 있는 제도를 말한다.

## _뉴햄프셔 프라이머리

뉴햄프셔 주의 인구는 110만 정도로 적지만 프라이머리는 1952년부터 시작해 각 정당에서 실시하는 프라이머리 중 역사도 가장 길고 가장 먼저 실시하기 때문에 유명하다. 또한 이후 실시되는 다른 주 코커스나 프라이머리에 미치는 영향이 크므로 매우 중요하게 여기고 있다. 뉴햄프셔 주는 영국의 청교도들이 미국에 처음 이주한 곳이며 미국의 깨끗하고 청빈한 청교도 정신이 가장 많이 보존되어 있는 주이기 때문에 뉴햄프셔 프라이머리의 판단은 미국 50개 평균적인 국민정신과 수준을 잘 대변하고 있다. 뉴햄프셔 주의 대의원 선출결과는 역대 미국 대통령 후보 결정과 당선에 지대한 영향을 미쳐 왔기 때문에도 중요하고 유명하다.

아이오와 코커스가 민주·공화 양당의 많은 대통령 후보를 4-5명으로 정리하는 역할을 한다면 뉴햄프셔 프라이머리는 민주·공화 양당의 대통령 후보를 1-2명으로 압축하는 역할을 하고 있다. 뉴햄프셔 프라이머리 결과에 따라 많은 후보들이 대선 경쟁을 포기하고 1위 아니면 2위만이 남아 전당대회 직전까지 프라이머리에 참여하게 하는 분위기를 만들어 주는 곳이 뉴햄프셔이다. 2008년 뉴햄프셔 프라이머리 후에도 민주당의 에드워즈가 경선을 포기하였고, 힐러리와 오바마 2명만이 남게 되었다.

또한 뉴햄프셔 프라이머리 결과 1위 또는 2위를 차지하면 언론의 집중적인 관심을 끌며, 선거자금이 몰려드는 경향이 있다. 따라서 자금과 조직력이 약한 후보도 뉴햄프셔 프라이머리에서 이기면 민주 공화 양당의 대통령 후보가 될 가능성이 높고, 본선에 가서도 대통령에 당선될 가능성이 높다. 그래서 대의원 숫자는 그리 많지 않지만 뉴햄프셔 프라이머리 결과에 대해 미국과 민주·공화 양당 관계자뿐 아니라 세계의 이목이 집중되고 있다.

뉴햄프셔 프라이머리는 당원만 참가할 수 있는 코커스와 달리 당원이든 비당원이든 누구나 등록만 하면 투표할 수 있다. 코커스처럼 대선 주자들의 공약을 듣고 선택하는 것이 아니라 별도의 행사 없이 투표만 한다. 뉴햄프셔 프라이머리는 당원은 물론 당적이 없는 일반인도 민주·공화 양당 중 하나를 택일해 투표할 수 있는 반폐쇄형(semi-closed) 프라이머리다. 2008년 대선 뉴햄프셔 프라이머리에서 민주당의 경우 당원 표는 힐러리 클린턴에게, 일반인 표는 버락 오바마에게 몰린 것으로 알려졌다.[7]

1952년 이후 뉴햄프셔 프라이머리에서 1위를 놓친 후보가 대통령에 당선된 경우는 1992년 빌 클린턴 전 민주당 대통령과 2000년 공화당 조지 부시 현 대통령뿐이다. 1952년 해리 트루먼, 1968년 린든 존슨 전 대통령은 현직 대통령 신분이었지만 뉴햄프셔에서 부진한 성적이 나오자 재선 출마를 포기했다.[8]

## _2008년 뉴햄프셔주 프라이머리

2008년 미국 대선에서 뉴햄프셔 프라이머리가 2008년 1월 8일 2004년 대선보다 1개월 일찍 시작되어 미국과 세계의 관심이 집중되었다. 또한 5일 전에 실시된 아이오와 코커스에서 민주당에서 1위를 한 오바마가 뉴햄프셔 주에서도 1위를 할 것이라는 여론조사로 인해 실제 오바마가 1위를 하느냐 아니면 2위를 한 힐러리가 대반전을 해 뉴햄프셔 주에서 1위를 탈환하느냐는 접전이 예상되어 관심이 더 컸다. 투표결과는 여론의 예상을 깨고 힐러리 후보가 1위를 하고 오바마 후보가 2위를 했으며 공화당에서는 아이오와 코커스에서 4위를 한 존 매케인John Sidney McCain III 후보가 1위를 하고 1위를 했던 마이크 허커비 후보는 3위로 떨어지는 이변이 있었다.

미국 민주당의 힐러리 클린턴 상원의원이 8일 실시된 뉴햄프셔 프라이머리에서 첫 번째 승리를 거뒀다. 힐러리 의원은 이 승리로 역대 프라이머리 사상 첫 여성 승자라는 기록을 세우게 됐으며, 1월 3일 아이오와 코커스에서 1위를 한 버락 오바마 상원의원의 '검은 돌풍'을 차단하고 대세론을 되살릴 발판을 마련했다.

힐러리 의원은 민주당 프라이머리 개표 결과 39.2%를 득표해 36.4%를 얻은 오바마 의원에게 2.8%포인트 차로 신승했다. 언론들은 투표 전날 힐러리가 보인 눈물이 여성들의 동정심을 유발한 것 같다고 분석했다. 아이오와에서 2위를 차지했던 존 에드워즈 전 상원의원은 16.9%를 득표, 3위로 밀렸다.

힐러리 의원이 재기에 성공했지만 오바마 의원도 백인 유권자가 92%나 되는 뉴햄프셔 주에서 박빙의 접전을 벌였다는 점에서 이후 민주당 경선은 더욱 치열한 각축전이 되었다.

공화당에서는 존 매케인 상원의원이 37.2%를 얻어 31.6%에 그친 미트 롬니 전 매사추세츠 주지사를 여유 있게 따돌렸다. 아이오와에서 기독교 복음주의 유권자들의 지지에 힘입어 1위를 기록하며 돌풍을 일으켰던 마이크 허커비 전 아칸소 주지사는 11.2%로 3위를 기록했다. 루디 줄리아니 전 뉴욕시장은 8.6%로 뒤를 이었다.

민주당의 에드워즈와 공화당의 루디 줄리아니 후보는 뉴햄프셔 프라이머리 지지율이 저조했던 데다 그 후 몇 개 주 프라이머리에서 득표결과가 신통치 않자, 1월 30일 전격 후보 사퇴를 선언하였다. 에드워즈는 기자회견을 통해 "지금은 역사가 그 길을 밝히도록 내가 비켜서야 할 때"라고 하면서 대선을 포기함으로써 민주당은 3파전에서 힐러리-오바마 2파전으로 압축되고 선거전은 더욱 치열하게 되었다. 공화당은 줄리아니가 경선을 포기하고 존 매케인을 지지함으로써 슈퍼화요일을 앞두고 매케인이 공화당의 대통령 후보가 될 가능성을 더욱 높게 하였다. 역시 뉴햄프셔 프라이머리는 민주당의 힐러리-오바마 그리고 공화당의 매케인-롬니 양강 구도로 압축시켰다.

한편 뉴햄프셔 프라이머리에는 전체 유권자 85만 명 가운데 51만 명 가량(60.2%)이 참가한 것으로 집계돼 역대 최고였던 1992년의 61%에 근접하였다. 등록된 유권자 85만 명 가운

## 2008년 양당의 뉴햄프셔 프라이머리 결과(%)

| | 공화당 | | 민주당 | |
|---|---|---|---|---|
| 1위 | 존 매케인 | 37.2(13.1) | 힐러리 클린턴 | 39.2(29.5) |
| 2위 | 미트 롬니 | 31.6(25.2) | 버락 오바마 | 36.4(37.6) |
| 3위 | 마이크 허커비 | 11.2(34.4) | 존 에드워즈 | 16.9(29.7) |
| 4위 | 루디 줄리아니 | 8.6(3.5) | 빌 리처드슨 | 4.6(2.1) |
| 5위 | 론 폴 | 8(10) | 데니스 구치니치 | 1(-) |

*괄호 안은 아이오와 코커스 득표율

## 1976년 이후 양당의 아이오와·뉴햄프셔 경선 1위자

| 연도 | 아이오와 코커스 | 뉴햄프셔 프라이머리 | 대통령 당선 |
|---|---|---|---|
| 1976 | 지미 카터<br>제럴드 포드 | 지미 카터<br>제럴드 포드 | 지미 카터(D) |
| 1980 | 지미 카터<br>조지 HW 부시 | 지미 카터<br>로널드 레이건 | 로널드 레이건(R) |
| 1984 | 월터 먼데일<br>로널드 레이건 | 게리 하트<br>로널드 레이건 | 로널드 레이건(R) |
| 1988 | 딕 게파트<br>밥 돌 | 마이클 두카키스<br>조지 HW 부시 | 조지 HW 부시(R) |
| 1992 | 톰 하킨<br>조지 HW 부시 | 폴 송거스<br>조지 HW 부시 | 빌 클린턴(D) |
| 1996 | 빌 클린턴<br>밥 돌 | 빌 클린턴<br>패트 뷰캐넌 | 빌 클린턴(D) |
| 2000 | 앨 고어<br>조지 W 부시 | 앨 고어<br>존 매케인 | 조지 W 부시(R) |
| 2004 | 존 케리<br>조지 W 부시 | 존 케리<br>조지 W 부시 | 조지 W 부시(R) |

*네모 안 두 인물 중 위는 민주당(D) 아래는 공화당(R)

데 민주당 28만여 명, 공화당 23만여 명 등 51만여 명의 유권
자가 참여했다. 이것은 2000년 뉴햄프셔 주 예선에 39만6385
표를 투표한 숫자보다 훨씬 많다.[9]

슈퍼화요일

## _슈퍼화요일이란

미국 대통령 선거해 코커스 또는 프라이머리를 가장 많이 실시하는 화요일을 '슈퍼화요일(Super Tuesday)'이라고 한다. 최근 몇 번의 미국 대통령 선거에서 슈퍼화요일은 3월 둘째 주 화요일이었다. 그러나 2008년 대통령 선거의 슈퍼화요일은 1개월 앞당긴 2월 첫째 주 화요일인 2월 5일이었다.

슈퍼화요일이란 이날에 민주당과 공화당의 많은 주들이 코커스와 프라이머리를 통해 전당대회 대의원을 선출하고 이날의 선거결과에 따라 민주당과 공화당의 대통령 후보가 사실상 결정될 가능성이 높기 때문에 슈퍼화요일이라 한다. 슈퍼화요일 하루 만에 전당대회 대의원의 거의 절반이 누구를 지지할 것인가가 결정되기 때문에 슈퍼화요일은 민주당과 공화당의 후보들이 심혈을 기울여 집중적으로 선거운동을 하는 날이기도 하다.

1986년 민주당 남부 출신 연방의회 의원들이 프라이머리를 늦게 치름으로써 손해를 보고 있다고 생각하여 3월 일찍 프라이머리를 동시에 실시하자는 데 의견을 모았다. 그리고 1988년 3월부터 둘째 화요일에 가장 많은 주들이 프라이머리를 실시하여 프라이머리에 지대한 영향을 미치고 있기 때문에 이날의 선거결과에 따라 대세가 좌우되는 경우가 많았다. 그 큰 영향력 때문에 이날을 언론기관에서는 '슈퍼화요일'이라 한다.

최근 여러 가지 방법으로 예비선거 일정에서 가장 먼저 코커스나 프라이머리를 실시하는 주가 되려고 하는데, '프론트로딩(Frontloading: 초기단계에 이익 챙기기)'이라고 불린다. 1988년 이후부터 점점 더 많은 주들이 프론트로딩을 하고 있기 때문에 1996년에는 3월의 첫 화요일에 대의원의 17%가, 3월의 두 번째 화요일에는 대의원의 35%가 그리고 3월말까지에는 대의원의 77%가 선출되었다.

1996년부터는 동북부 6개 주 가운데 5개 주가 연합하여 슈퍼화요일과 동일한 목적으로 소위 양키 프라이머리(Yankee Primary)를 개최하였다. 그리고 2004년 대선에서는 7개주가 동시에 프라이머리가 실시되는 2월 3일을 '미니슈퍼화요일'이라 명명하였다.

2004년 대선은 3월 2일 슈퍼화요일에 민주당의 케리가 경쟁자인 에드워즈를 물리치고 대통령 후보로 사실상 결정되었고, 공화당은 현직 대통령인 부시를 이미 대통령 후보로 결정해 놓고 있었다.


### _2008년 슈퍼화요일

2008년 미국 대선 예비선거에서 슈퍼화요일이 3월에서 1개월 앞당겨져 2월 5일로 결정되었다. 2008년 2월 5일 22개 주가 동시에 예선을 치르는 2008년 슈퍼화요일의 중요성이 다시 한번 부각되었다. 왜냐하면 어느 때보다 일찍 그리고 많은 주들이 예비선거를 치르는 슈퍼화요일이기 때문이다.

2월 5일 민주·공화 모두 캘리포니아, 뉴욕, 조지아, 테네시 등 대의원이 많은 22개 주에서 일제히 경선을 치렀다. 아이오와 코커스와 뉴햄프셔 프라이머리를 끝낸 모든 대선 후보들은 '슈퍼화요일'을 겨냥, 총력전을 전개하였다. 왜냐하면 '슈퍼화요일' 경선에선 아이오와와 뉴햄프셔를 합친 것보다 20배나 많은 대의원이 걸려 있기 때문이다. 8월 말, 9월 초 민주·공화 양당 전당대회에서 후보 지명이 있기까지 많아야 하루 4개 주에서 경선이 치러지는 데 반해 이날은 무려 22개 주에서 2075명의 대의원이 가려진다. 플로리다의 대의원 수는 57명으로 아이오와(40명)와 뉴햄프셔(12명)를 합친 것보다도 많다. 슈퍼화요일에는 대의원 수가 가장 많은 캘리포니아(173명)와 뉴욕(101명)이 포함되어 있다.[10] 어느 한 후보가 이날 압도적으로 대의원을 휩쓸 경우 사실상 그 당의 대선 후보로 결정된다는 점에서 '슈퍼화요일'이라고 부르는 것은 당연한지도 모른다.

"미국 대선 역사상 이번처럼 거대하고 중요한 '슈퍼 튜즈데이'는 없었다." 요즘 미국에선 '쓰나미(지진해일) 튜즈데이' '메가 기가(Mega Giga) 튜즈데이' '슈퍼 두퍼 튜즈데이' 같은 신조어를 자주 들을 수 있다. 2008년 미국 대선 후보 경선의 결정판이 될 2월 5일 각 당의 프라이머리와 코커스가 유례없는 대규모로 치러지는 점을 빗대어 한층 강한 표현이 경쟁적으로 만들어졌다.

슈퍼화요일도 이제 전통이 세워져가고 있다. 슈퍼화요일 뒤에 치러지는 주 예비선거는 그 영향력이 약화되기 때문에 슈퍼화요일 일자보다 앞당겨 예비선거를 치르려는 주가 있지만 그것은 마음대로 할 수 없다. 2008년 예비선거에서 플로리다 주가 2월 5일 슈퍼화요일보다 앞당겨 1월 29일 예비선거를 실시한다고 선언하였다. 그러나 민주당 전국위원회는 이런 자의적인 일정 조정이 당헌에 어긋난다며 예비선거 결과를 전면 무효화했다. 민주당의 당헌에 의하면 슈퍼화요일에 앞서 경선을 실시할 수 있는 곳은 아이오와와 뉴햄프셔 2개주 밖에 없다는 것이다. 공화당도 플로리다 주가 예비선거일을 슈퍼화요일보다 앞당긴 것에 대해 불만과 징계의 표시로 대의원 수를 당초 114명의 절반인 57명만 인정하기로 했다는 것을 보면 슈퍼화요일의 전통과 권위는 계속 이어져가고 있다고 할 수 있다.

2월 5일 경선을 실시한 주는 민주당 22개 주, 공화당 21개 주에 이른다. 민주당은 2075석의 대의원이 이들 주에 배정돼 있는데 이는 후보 지명에 필요한 대의원 2025석보다 많은 수다. 공화당도 이들 주에 배정되어 있는 대의원이 1081석이며, 이 역시 후보 지명에 필요한 1191석에 육박하고 있다.

슈퍼화요일에 대의원 결정 방법은 민주당은 대체로 득표율에 따라 배분하고 공화당은 대체로 승자독점방식에 의거해서 대의원을 배분하도록 한다. 2008년 슈퍼화요일 투표결과는 다음 표와 같다.

## 미국 대선 슈퍼화요일 경선결과

| 정당 | 민주당 | | 공화당 | | |
|---|---|---|---|---|---|
| 후보 | 힐러리 클린턴 | 오바마 | 매케인 | 롬니 | 허커비 |
| 승리한 주의 수 | 9 | 13 | 9 | 7 | 5 |
| 당일 확보 대의원 | 794 | 796 | 617 | 205 | 155 |
| 누적 대의원 | 1055 | 998 | 719 | 298(사퇴) | 198 |

2월 5일 22개 주에서 동시에 실시된 슈퍼화요일 선거결과는 민주당 힐러리와 오바마 대결은 무승부였고, 공화당은 매케인의 승리와 함께 2위를 한 롬니가 사퇴를 하고 매케인을 지지함으로써 매케인이 공화당의 대통령 후보를 거의 확정하였다.

슈퍼화요일에 민주당에서는 오바마가 더 많은 주에서 이겼으며 대의원 확보에서는 힐러리와 백중세였고, 힐러리는 슈퍼대의원 확보에서 오바마를 이겨 5일을 기준으로는 전체 대의원 수에서 약간 앞섰다.

슈퍼화요일 이후 치러진 예비선거에서 워싱턴(97명), 네브라스카(31명), 루이지애나주(68명), 미국령 버진아일랜드 등 4개 주에서 연달아 오바마가 승리하여 힐러리와 표차를 좁혔다. 10일 메인 주에 이어 12일에는 포토맥 프라이머리(워싱턴 DC, 버지니아, 메릴랜드)에서 승리함으로써 8연승을 하며 전체 대의원 확보에서도 오바마는 힐러리 클린턴을 앞서기 시작하였다. AP통신에 의하면 2월 13일을 기준으로 힐러리 클린턴이 총 대의원 1198(슈퍼대의원 242)명, 오바마가 1223(슈퍼대의원 160)명으로 나타나 오바마가 앞서가고 있었다.

  _미니슈퍼화요일

  슈퍼화요일에 비하면 할당된 대의원 수가 적지만 경선 레이스에서 또한 큰 비중을 차지하는 것이 미니슈퍼화요일인데, 2008년에는 3월 4일이 미니슈퍼화요일이었다.

  오바마는 2월 5일 슈퍼화요일 이후 3월 4일 미니슈퍼화요일 전까지 11개주 경선에서 연달아 승리함으로써 미니슈퍼화요일에서 승리하면 민주당 대통령 후보가 될 가능성이 아주 높았다. 힐러리가 지게 되면 힐러리는 경선포기 선언을 하지 않을까 하는 예측도 나오고 있었다.

  그러나 힐러리 클린턴 후보는 3월 4일 미니슈퍼화요일에 오바마에게 승리함으로써 11연패의 수렁에서 벗어나 재기의 발판을 마련하였다. 힐러리 후보는 이날 경선 결과 오하이오 프라이머리(대의원 141명)에서 54% 대 44%로 버락 오바마 상원의원을 눌렀고, 로드아일랜드 주(대의원 21명)에서도 58% 대 40%로 승리했다.

  프라이머리와 코커스가 모두 실시된 텍사스 주(대의원 193명)에서 힐러리 후보는 대의원 65%(126명)를 선출하는 프라이머리에서 51% 대 48%로 오바마 후보를 눌렀다.

  다만 나머지 대의원 35%(67명)를 뽑는 코커스에서는 오바마 후보가 52% 대 48%로 앞섰다. 오바마 후보는 버몬트 주(대의원 15명)에서 60% 대 38%로 승리했다.[11]

**2008년 미니슈퍼화요일 경선결과(%)**

| 정당 | 민주당 | | 공화당 | |
|---|---|---|---|---|
| 후보 | 오바마 | 힐러리 | 매케인 | 허커비 |
| 오하이오 | 44 | 54 | 60 | 31 |
| 로드 아일랜드 | 40 | 58 | 65 | 22 |
| 버몬트 | 60 | 38 | 72 | 14 |
| 텍사스 | 프라이머리 | 프라이머리 | 51 | 38 |
| | 47 | 51 | | |
| | 코커스 | 코커스 | | |
| | 52 | 48 | | |

AP통신에 의하면 3월 5일 현재 오바마 1564명, 힐러리 1463명의 대의원 확보(슈퍼대의원 포함)로 대의원 확보에서 오바마가 여전히 앞서가고 있기 때문에 4월 22일 대의원 158명(슈퍼대의원 30명 포함)이 걸려 있는 펜실베니아 경선이 끝나봐야 민주당의 대선 후보가 확정될 가능성이 있다. 그때 가서도 양후보가 무승부이거나 힐러리가 선전하여 오바마와의 차이가 더 좁혀진다면 경쟁이 이어져 8월 콜로라도 덴버 전당대회장에서 민주당의 대선 후보가 결정될 가능성도 있다.

하지만 이렇게 치열한 경합 속에 장기적으로 대통령 후보가 결정되지 않고 당이 분열되면 민주당은 본선에서 상대당인 공화당보다 불리한 입장에 서게 될 것이다.

한편, 공화당의 매케인 후보는 2월 5일 슈퍼화요일의 승리와 롬니의 사퇴 및 지지에 힘입어 포토맥 프라이머리에서도 승리함으로써 대의원 과반수 확보는 미달되었지만 2위인 허커비 후보와 표차가 크게 나서 대의원 과반수 획득과 함께 공화당 대통령 후보로 결정된 것이나 마찬가지가 되었다.

결국 3월 4일 미니 슈퍼화요일에 공화당의 매케인 후보가 4개 주 모두에서 압승함으로써 1224명의 대의원을 확보하여 공화당 대선 후보 지명에 필요한 총대의원 과반수인 1191명을 33명이나 넘어 사실상 공화당 대통령 후보로 결정되었다.

매케인과 경합했던 마이크 허커비 전 아칸소 주지사는 4일 경선을 포기하고 매케인의 대선 승리와 공화당의 단합을 위해 최선을 다할 것을 다짐하였다. 따라서 매케인은 대선 본선 준비에 박차를 가할 수 있게 되었다.

# 후보 선출을 위한 각 당의 전당대회

## 전당대회의 의의

### 전당대회일

　미국 정당들은 전당대회에 보낼 대의원을 코커스와 프라이머리를 통해 선출한 다음에 대통령 지명 전당대회를 개최한다. 전당대회 일자는 고정되어 있는 것이 아니라 각 당의 당규나 전국위원회 회의에 의해 결정된다. 이 전당대회의 개최시기와 장소는 통상 대통령 선거의 전년, 수도 워싱턴에서 당의 최고중앙기관인 전국위원회에서 결정하는 동시에 그 전당대회의 시기, 장소, 대의원의 주당 할당 비율을 발표하고 각 주의 당 기관에 대하여 그 할당에 기초하여 대의원을 선출하는 권한을 부여하고 있다. 최근, 민주·공화 양당은 주로 7월에서 8월 중 전당대회를 개최하는데, 야당이 먼저하고 현직 대통령 소속정당인 여당은 20~30일쯤 늦게 하는 것이 관례로 되어 오고 있다. 야당이 먼저 전당대회를 실시하게 되는 것은 상대 적으로 여당보다 불리한 야당에 11월의 본선거를 대비한 조직 정비와 선거운동을 위한 좀더 많은 시간적 여유를 주기 위해 서이다. 2008년 민주당과 공화당의 대통령 후보 지명을 위한 전당대회는 민주당은 2004년보다 약 1개월 늦은 8월 25일에 서 28일까지 콜로라도 덴버에서 개최한다. 그러나 공화당은 2004년과 비슷한 시기인 2008년 9월 1일부터 4일까지 미네소 타 미니애폴리스에서 개최한다.

### 전당대회의 의미

전당대회는 각 주州, 콜럼비아 특별행정구, 괌, 푸에르토리 코 및 버진 아일랜드 등의 미국의 준주 내지 속령에서 선출된 대의원들로 구성되는 정당 차원의 전국 대집회이다. 민주당은 이외 미국령 사모아 및 해외거주 미국인의 대표를 참석시킨 다. 이 전당대회는 대통령 선거연도마다 소집되어 각 당이 선 거에서 제시하고자 하는 정강정책을 기초하고 공식적으로 채 택한다. 또 대통령입후보자와 부통령입후보자를 지명한다. 그 리고 정당의 단합을 대외적으로 과시하여 본선에서 승리하기 위한 분위기를 조성한다. 특히 TV 등의 언론매체의 발달과 함 께 전당대회는 그 자체가 선거운동의 일부가 되고 있으며 각

정당은 유권자들에게 지지를 호소하기 위하여 여러 가지 방법을 동원하고 있다.[12]

　미국의 정당조직은 연방주의와 분권주의 때문에 주 단위로 발전했고 전체적으로는 산만하게 분산되어 있다. 따라서 전당대회는 각 주의 다양한 이념을 하나로 통일하며, 당내의 상이한 집단들이 타협을 하여 대통령 후보와 부통령 후보 아래서 단합할 수 있게 해준다. 전당대회는 당의 정강정책을 채택하고 이러한 당의 정강정책을 중심으로 서로 다른 분파들이 뭉치게 하는 역할을 한다.[13]

## 전당대회와 정·부통령 후보 지명

### 전당대회와 대통령 후보 지명

　미국의 정당들이 1828년 11대 대통령 선거까지는 각 주의 연방의회의 의원총회가 자당의 대통령 후보를 지명하는 방식을 취하였다.[14] 즉, 각 주 의회 내의 정당원들이 각 당별 회의에서 후보를 선출하였다.[15] 1824년의 예를 보면 테네시 주와 펜실베이니아 주 의회는 앤드류 잭슨을 대통령 후보, 사우스캐롤라이나주 출신 상원의원 존 C. 캘하운을 부통령후보로 지명했다. 켄터키 주 의회는 하원의장 헨리 클레이를, 메사추세츠 주 의회는 국무장관 존 퀸시 애덤스를, 그리고 연방의회의 협의회는 재무장관 윌리엄 크로포드를 각각 대통령 후보로 지명했다.[16]

전국적인 대의원들이 한 자리에 모여 각 당이 1명의 대통령 후보를 뽑는 것이 아니라 같은 정당이라 하더라도 각 주별로 모여 따로 따로 후보자를 뽑을 수 있었기 때문에 한 정당에서도 여러 명의 대통령 후보가 있을 수 있었다. 또한 대통령 후보와 부통령 후보가 따로 없고, 모두 대통령 후보가 되며 부통령 후보는 사실상 없었다. 선거인단들도 1표가 아닌 2표의 투표권을 행사하여 선거인단 득표 1위자는 대통령, 2위자는 부통령 당선자로 결정한 때도 있었다.

그러나 1830년대부터, 정확히는 민주당은 1832년부터 그리고 공화당은 1856년부터 각 주에서 예비선거를 통해 확정된 전국 전당대회 대의원들이 한 자리에 모여 전당대회를 개최하고 여기서 자기 당의 대통령 후보 1명을 지명하였고 그 전통과 관례가 오늘에 이르고 있다.

2008년 민주·공화 양당이 각 주의 코커스나 프라이머리에서 전당대회 대의원을 선출하면, 대의원들은 민주당은 8월 25일부터 28일까지 콜로라도 덴버에서, 그리고 공화당은 9월 1일부터 4일까지 미네소타 미니애폴리스에서 개최되는 양당의 후보 지명 전당대회에 모인다.

전당대회에서 정강이 채택되고 난 뒤, 대통령 입후보자와 부통령 입후보자를 지명한다. 지명절차에 대해서는 미국의 어느 정당이나 대개 비슷한데 우선 대통령 후보로 지명될 사람들의 이름을 한 사람씩 나와서 지명을 하고 다른 사람이 나와서 그를 재청하는 형식을 취하여 보통 5-6명을 지명하게 되어 있다. 다만 현직 대통령이 재출마하는 경우에는 거의 대통령만을 재지명하는 경우가 많고, 다른 입후보자들은 경의를 표한다는 뜻에서 지명전에 나서지 않는 것이 관례로 되어 있다. 이어서 입후보자의 이름을 정식으로 지명하는 연설이 있고 각 주 대의원들은 주 이름의 알파벳순에 따라 어느 후보자를 지명할 것인가를 표시한다.[17] 예비선거를 통해 선언대의원은 이미 어느 후보를 지명할 것인가 선언해 놓았고 전당대회 이전에 이미 누가 대통령 후보가 될 것인가 사실상 확정되어 있는 경우가 많기 때문에 공개적으로 "A주 대의원들은 공화당 매케인 후보를 지지합니다" 하는 식으로 투표한다.

각 주의 대의원들은 앨라배마 주부터 와이오밍 주까지 알파벳 순으로 투표하여 그 주 대의원들의 단장은 자신의 주의 대의원들이 몇 표는 A후보에게, 몇 표는 B후보에게 던진다고 표시하며 총 지명 투표자수의 과반수를 얻는 자가 정식 그 당의 대통령 후보로 지명된다. 각 주마다 한 단위가 되어 후보자 선거 때가 되면 텔레비전 카메라 앞에서 각 주의 대표자를 대신해서 "A주는 미국에서 제일가는 위대한 누구에게 몰표를 던집시다" "우리 B주는 차기 대통령 누구에게 몰표를 던집시다"라고 소리친다. 이러한 방법으로 한 후보자가 당 대회 대표자의 과반수의 표를 얻게 되면 악대에 맞춰 사람들이 노래를 부르고 춤을 추며 환성을 올린다.[18] 공화당의 경우 대의원 1명이 한 표를 가지며 민주당의 경우는 1명이 반표를 갖게 된다.[19] 예를 들면 20명이 지지투표를 하면 실제 계산은 10표로 계산하는 방법이다. 후보가 당의 대통령 후보 지명을 받으려면 대의원들의 총 투표수의 과반수를 넘지 않으면 안 된다.

1936년 전까지 민주당과 공화당의 대통령 후보에 지명되려면 전당대회 대의원의 3분의 2 이상 지지를 받아야 되었다. 3분의 2 이상의 지지를 받기가 쉽지 않아 수차례에 걸쳐 지명 투표를 하는 것은 예사이고 최고 103회까지 투표를 한 기록도 있었다. 이러한 번거로움을 없애기 위해 1936년 이후부터는 전당대회 대의원 과반수의 지지를 받으면 대통령 후보로 지명되도록 개정되었다. 제1차 투표에서 과반수를 얻은 후보가 없으면 과반수가 될 때까지 이러한 절차로 계속 투표한다.

프라이머리나 코커스에서 선출된 각 당의 대의원 가운데 선언대의원이 1차 지명투표에 국한하여 처음 지지한 그 후보에게 투표하도록 권유되고, 2차 투표 이후부터는 대의원의 재량에 일임되어 있다.

민주당과 공화당의 대통령 후보가 되기 위해 꼭 예비선거에 참여하여 미리 대의원을 확보해야 하는 것은 아니다. 예비선거에 참여하지 않고 전당대회에 바로 참석하여 대통령 후보로 선출할 수도 있다. 그러나 1월부터 6월까지 예비선거에 참여하여 대의원 득표 활동을 한 후보가 대통령 후보로 결정될 가능성이 높은 것은 틀림없다.

2008년 8월 25일에서 28일까지 콜로라도 덴버에서 개최되는 민주당 대통령 후보 지명 전당대회 대의원은 총 4050명이며 이중 과반수인 2026명의 대의원의 지지를 받는 자가 2008

년 민주당의 대통령 후보로 최종 확정된다. 그리고 2008년 9월 1일에서 4일까지 미네소타 미니애폴리스에서 개최되는 공화당 대통령 후보 지명 전당대회 대의원은 총 2380명이며 이 가운데 과반수인 1191명의 지지를 받는 자가 2008년 공화당의 최종 대통령 후보로 지명된다. 통상 전당대회 후 한동안 대통령 후보에 대한 인기가 상승하는데 이를 전당대회 효과(Convention bounce)라고 한다.

### 전당대회와 부통령 후보 지명

전당대회에서 일단 대통령 후보자 지명이 끝나면 마지막 날인 3일째는 대체로 부통령 후보를 선출한다. 부통령 후보 지명은 형식적으로는 전당대회 대의원들이 선출하는 것이지만 실제는 대통령 후보 피지명자가 하도록 되어 있다. 그러나 전당대회는 부통령 지명에 영향을 미칠 수 있다. 대통령 후보 피지명자는 이미 자기의 러닝메이트인 부통령 후보 결정을 공표해 놓고 있으며 대의원들은 그의 선택을 존중한다. 그렇더라도 전당대회는 지명 동의와 연설 그리고 투표 등의 절차를 밟는다.

대통령 후보자로 지명된 사람은 부통령 입후보자를 선택함에 있어서 여러 가지 점을 고려하게 된다. 그중 제일 조건은 대통령 당선에 유리한 사람을 부통령 후보로 지명한다. 대통령 후보가 불리한 점을 보완해 줄 수 있는 인물을 지명하는 경우가 많다. 전통적으로 부통령은 대통령 지명자가 끌어 모으지 못하는 표를 확보할 수 있는 균형을 맞추기 위한 하나의

티켓이었다. 동부지역 주 출신 대통령 후보는 비동부지역 출신 후보자들에 의해 상쇄되고 보완되어져야 한다. 진보주의자는 온건파나 보수주의자와 함께 보완되거나, 개신교도는 가톨릭교도 부통령 후보로 그리고 백인은 흑인 부통령 후보로 보완되어야 한다.[20] 예를 들면 당의 파벌들을 결속시키고 지역안배의 균형을 이루기 위해 당내의 다른 이데올로기 진영의 인사를 자신의 부통령 후보로 지명함으로써 당내 모든 정파를 단합시키고, 다양한 유권자들에게 고루 환심을 살 수 있도록 한다.

민주당과 공화당의 부통령 후보도 대통령 후보와 똑같이 전당대회 대의원의 과반수 이상의 지지를 받아야 부통령에 지명된다. 2008년 민주당 부통령 후보는 민주당 총 대의원 4050명이며 이중 과반수인 2026명의 대의원 지지와 공화당 부통령 후보는 공화당 총 대의원 2380명 가운데 과반수인 1191명의 지지를 받는 자가 각각 부통령 후보가 된다.

이와 같이, 대통령 후보자와 부통령후보자가 지명된 후에는 마지막으로 전당대회에 다 같이 나와 부통령으로 지명된 사람이 먼저 수락연설을 하고, 그 다음에 대통령 입후보자로 지명된 사람이 수락연설을 함으로써 대통령지명 전당대회는 그 최종단계에 들어가게 된다.[21]

미디어 시대 이전에는 실제로 입후보자들은 전당대회장에 나타나지 않았었다. 승리자는 흔히 전당대회가 끝난 지 수주일 후에 개최되는 의식에서 자기에 대한 지명을 수락했다. 전당대회장에서 대통령 후보 지명 수락연설을 한 최초의 입후보자는 라디오 방송이 전당대회를 최초로 취재·보도한 지 8년 후인 1932년에 민주당 전당대회장에서 몸소 지명을 수락한 프랭클린 D. 루스벨트였다. 전당대회의 텔레비전 취재보도는 1940년에 시작되었다.[22]

전당대회 이변

미국 정당의 전당대회 역사는 180여 년의 역사를 갖고 있는데 각 정당의 전당대회는 순조롭게 진행된 경우도 많았지만 많은 이변을 일으킨 전당대회도 있었다. 초기 전당대회부터 최근까지 특이한 신기록을 남긴 전당대회를 간추려 보면 아래와 같다.

1844년 제15회 대통령 선거에서 멕시코에서 독립한 텍사스를 합중국에 편입시킬 것인가 않을 것인가 하는 문제가 쟁점이 되었다. 민주당에서는 前 대통령인 뷰렌이 후보로 지명될 것이라고 예상되고 있었다. 그러나 당대회 직전에 텍사스의 병합 반대를 표명했기 때문에 지지를 잃었고, 당대회에서 9회에 걸친 투표 끝에 뷰렌이 지명받지 못했고 기껏해야 부통령후보 정도로 지목되었던 제임스 K. 포우크가 대통령 후보로 지명되는 이변이 있었다. 사람들이 "포우크가 누구지?"라며 궁금해 할 정도로 무명의 인사였지만, 텍사스의 연방가입을 호소하여 거뜬히 당선되었다. 다크호스가 본선에서 승리한 최초의 사례였다.[23]

1852년 제17회 대통령 선거에서 휘그당의 필모어는 재선을 원하였으나, 휘그당 전당대회는 53회에 걸쳐 투표를 되풀이 한 결과 군인인 스코트 윈필드를 대통령 후보로 지명하였다. 민주당은 후보가 난립하여 어느 누구도 대회의 3분의 2의 지지를 얻지 못하였기 때문에 무려 99회나 걸쳐 투표가 행하여 졌다. 그런데 35회의 투표까지 한 표도 획득하지 못했던 다크호스 프랭클린 피어스가 최종적으로 지명을 획득하는 일대 역전극이 연출되었다.[24]

미국 대통령 선거사를 보면 제1차 투표에서 피지명자가 정식으로 결정되는 것이 보통이다. 매우 예외적으로만 제1차 투표에서 피지명자가 결정되지 아니하고 두 번, 세 번의 투표를 한 때도 있었다. 1860년 사우드캐롤라이나 찰스턴에서 있었던 민주당 전당대회에서는 57차 투표에서도 대통령 후보 지명에 실패했다. 같은 해 볼티모어에서 두 번째 전당대회를 열어 제2라운드에 가서야 스티븐 더글러스를 후보로 지명했다.[25]

공화당 전당대회사상 처음으로 다수의 부녀 대의원이 참가한 1920년 6월 10일의 시카고 전당대회는 좀 특이한 대회였다. 대통령 후보로 나선 뉴햄프셔 주의 군인 출신 예비역 중장인 레오나드 우드Leonard Wood가 287표, 일리노이 주지사 프랭크 라우든Frank Lowden이 211표, 그리고 캘리포니아 주 상원의원인 하이란 존슨Hiran Johnson이 133표로, 수

명의 다른 경쟁자 중에서 주 예비선거에서 선두를 달리고 있었다.

그러나 어느 후보도 대통령 후보 지명에 필요한 493표를 얻지 못해 모두 지명되지 못했다. 지명 후보자 중 워렌 G. 하딩Warren G. Harding은 65표를 얻어 6위밖에 하지 못했고, 하딩 자신은 다른 후보들처럼 후보 지명을 위해 열렬하게 선거운동을 하지도 않았다.[26]

그러나 하딩은 10차의 지명 투표라는 우여곡절 끝에 다른 유망 지명 후보자들을 물리치고 의외로 대통령 후보의 지명을 받게 된 것이다. 지명을 받은 하딩은 자기가 지명되리라고는 상상도 못했기 때문에, 대회장의 아우성과 고함소리가 가시고 대회가 끝난 후에도 그는 어리둥절할 수밖에 없었다고 하였다.[27]

1924년에 민주당 전당대회에서는 대의원들이 103회째의 투표에서 마침내 존 W. 데이비스를 그들의 후보로 결정하여 대통령 후보 지명 전당대회 사상 최고의 투표회수를 기록했다.[28] 1924년의 민주당 전당대회는 백인우월단체(Ku Klux Klan)를 인정하느냐 인정하지 않느냐는 문제로 북부출신 대의원과 남부출신 대의원들의 팽팽한 대결로 화합을 하지 못하고 분당의 위기에 있었다.

이와 같이 둘로 갈라진 민주당의 전당대회는 푹푹 찌는 6월의 무더운 여름에 6월 24일부터 7월 10일까지 17일 동안이나 계속되었는데, 99차의 후보 지명 투표에서 뉴욕의 스

미드와 캘리포니아의 윌리암 G. 매카두William G. McAdoo가
승패 없는 교착상태에 빠지자 마침내 지명경쟁을 철회하자
100차의 투표에서 오히려 뉴욕시 월스트리트Wall Street 변호
사인 웨스트버지니아 대의원 존 W. 데이비스John W. Davis
가 부상하기 시작했다. 103회에 걸친 미국 역사상 가장 긴
후보 지명 투표에서 데이비스를 후보로 지명한 후 17일간의
역사상 가장 긴 전당대회는 막을 내리게 되었다.

또한 1896년 민주당 전당대회에서 36세의 젊은 나이로
대통령 후보 지명을 받은 바 있는 브라이언은, 1924년 뉴욕
의 매디슨 스퀘어가든에서 가진 전당대회장에서 대의원들의
야유에 못 이겨 대회장을 떠날 수밖에 없었으며, 호텔 방으
로 돌아가 라디오를 통해서 전당대회 진행 상황을 듣는 촌
극이 벌어지기도 했다.[29]

윌키Willkie라는 공화당 대의원은, 정치 생활의 거의 대부
분을 민주당원으로 활동했으면서도, 1940년 6월 필라델피아
의 공화당 전당 대회에서는 대의원들로부터 "We want
Willkie"라는 거의 신화에 가까운 열광적인 지지를 받았고,
드디어는 대통령 후보로 지명된 기적을 낳았다.[30] 여기서
나타나듯이 미국의 정당들은 이념적 선명성과 당원의 당성
이 영국에 비해 매우 낮은 편임을 알 수 있다.

미국 대통령 후보에 지명되려면 예비선거에 참여하여 열
심히 대의원 지지 획득 활동을 펴는 것이 일반적이다. 그러나
1952년의 민주당 전당 대회에서는 후보 지명에 나서지도 않

은 아들라이 스티븐슨Adlai Stevenson이 엉뚱하게도 지명되었으며, 같은 해 공화당 전당대회에서는 여성의 추천을 받아 부통령 후보 지명에 오른 메인 주 여성 상원의원 마가레트 체이스 스미스Margaret Chase Smith가 자신의 이름을 지명에서 철회해 줄 것을 요청하는 대회사상 보기 드문 일도 있었다.31)

1968년 월남전 반대 후보인 유진 메카디 상원의원과 조지 맥거번 상원의원이 예비선거에서 과반수 가까운 득표를 얻고 민주당 전당대회장에 도착했지만 정작 후보 지명은 휴버트 험프리로 됐다. 그는 단 한 주의 예비선거에도 나서지 않고 예비선거를 치르지 않는 주에서 얻은 득표수를 바탕으로 하여 후보 지명을 받았다.

예비선거에 참여하지 않아도 비선언대의원의 지지를 많이 확보하거나 후보가 난립하여 1차 투표에서 후보자가 결정되지 않을 때는 선언대의원들도 예비선거에서 약속과 관계없이 2, 3차 투표에서는 자유롭게 어느 후보에게나 투표할 수 있기 때문에 전당대회장에서 출마를 선언해도 후보에 지명될 수 있다. 각 정당의 후보는 전당대회 전까지 예비선거에서 대의원의 지지를 많이 받은 후보가 전당대회에서 후보로 지명되는 것이 관례이지만 예비선거에 참여하지 않고 전당대회에서 바로 입후보할 수도 있고 간혹 지명되는 경우도 있다. 하지만 이런 경우에 사실상 후보로 지명되기는 어렵다.

## 제3당과 무소속 후보의 대통령 입후보

미국 대통령 본선거에 입후보하기 위한 요건으로서 민주·공화 양대 정당 후보자의 경우에 전당대회에서 결정된 후보가 50개 주 모두에서 자동적으로 입후보 자격이 주어지고 있다. 그러나 기타 군소정당과 무소속 후보의 경우 본선 입후보에 관한 규정은 주별로 상이하다. 주에 따라서는 주법률의 인지 요건(등록, 대중지지의 증명, 최소한의 조직구조의 완비, 전당대회나 예비선거를 통한 후보 지명 등)을 충족시킨 경우에 본선 입후보자격이 주어지는 경우도 많다.32)

1988년 대통령 선거에서는 부시와 듀카키스를 포함해서 200명이 넘는 후보가 출마했는데 대부분 무소속 출마자들이었다.33) 일반적으로 미대통령 선거를 보면 민주·공화 양당의 후보 외에 매번 100명 이상의 군소 후보들이 적법절차를 밟아 정식 후보등록을 하고 선거운동을 벌인다.34) 미국 대통령에 출마를 원하는 사람들 중 정당 배경을 가진 사람은 예비선거 과정을 거쳐 정당의 후보로 확정된 후 4개 주 이상에 후보등록을 마치고 미국연방선거위원회에 등록을 하면 공식후보자가 된다.

미국은 사실상 주별로 대통령 선거를 하기 때문에 주마다 무소속 대통령 후보의 등록일자가 상이하다. 무소속으로 대통령에 출마하려면 일정 수의 주민들의 추천서를 첨부해야 한다. 예를 들면 앨라배마 주에서는 5000명의 주민 추천이 필요

하며 부통령 후보를 러닝메이트로 함께 등록해야 후보등록을
받아주고 있다. 무소속 대통령 후보가 되려는 사람에게 요구
되는 조건은 주마다 상이한데 다음의 표와 같다.

### 미국 대통령 선거 무소속 후보 각 주별 등록규정

| 주 | 서명자<br>정족수 | 등록<br>시한 | 비고 | 주 | 서명자<br>정족수 | 등록<br>시한 | 비고 |
|---|---|---|---|---|---|---|---|
| 앨라배마 | 5,000 | 8.31 | 부통령 | 네브래스카 | 2,500 | 8.2 | 부통령 |
| 알래스카 | 2,002 | 8.4 | | 네바다 | 9,392 | 6.10 | |
| 애리조나 | 10,555 | 9.18 | | 뉴햄프셔 | 3,000 | 8.5 | |
| 아칸소 | 미정 | 9.15 | | 뉴저지 | 800 | 7.27 | 부통령 |
| 캘리포니아 | 134,781 | 8.7 | 부통령 | 뉴멕시코 | 12,334 | 9.8 | 부통령 |
| 콜로라도 | 5,000 | 8.4 | 부통령 | 뉴욕 | 15,000 | 8.18 | |
| 코네티컷 | 14,620 | 8.12 | 부통령 | 노스캐롤라이나 | 70,543 | 6.12 | |
| 델라웨어 | 2,870 | 9.1 | | 노스다코타 | 4,000 | 9.4 | |
| 플로리다 | 60,315 | 7.15 | 부통령 | 오하이오 | 5,000 | 8.20 | 부통령 |
| 조지아 | 29,500 | 7.14 | | 오클라호마 | 35,132 | 7.15 | |
| 하와이 | 4,200 | 9.4 | 부통령 | 오리건 | 36,000 | 8.25 | |
| 아이다호 | 4,090 | 8.24 | 부통령 | 펜실베이니아 | 37,216 | 8.3 | 부통령 |
| 일리노이 | 25,000 | 8.3 | 부통령 | 로드아일랜드 | 1,000 | 9.4 | |
| 인디애나 | 29,909 | 7.15 | 부통령 | 사우스 | 10,000 | 7.3 | 부통령 |
| 아이오와 | 1,000 | 8.14 | 부통령 | 캐롤라이나 | 2,567 | 8.4 | 부통령 |
| 캔자스 | 5,000 | 8.4 | 부통령 | 사우스다코타 | 275 | 8.20 | |
| 켄터키 | 5,000 | 8.4 | | 테네시 | 54,275 | 5.11 | |
| 루이지애나 | 5,000 | 9.1 | 수수료 | 텍사스 | 300 | 9.1 | |
| 메인 | 4,000 | 6.2 | | 유타 | 1,000 | 9.17 | 부통령 |
| 메릴랜드 | 63,186 | 8.3 | 부통령 | 버몬트 | 13,920 | 8.21 | 부통령 |
| 메사추세츠 | 10,000 | 7.28 | 부통령 | 버지니아 | 200 | 6.27~7. | |
| 미시간 | 26,000 | 5.12 | 부통령 | 워싱턴 | 6,533 | 4 | |
| 미네소타 | 2,000 | 9.15 | | 웨스트버지니아 | 2,000 | 8.3 | 부통령 |
| 미시시피 | 1,000 | 9.4 | 부통령 | 위스콘신 | 7,902 | 9.1 | |
| 미주리 | 20,863 | 8.3 | 부통령 | 와이오밍 | 3,000 | 8.24 | 부통령 |
| 몬태나 | 9,500 | 7.29 | 부통령 | 워싱턴D.C. | | 8.18 | |

*출처: 조선일보. 1992.6.23.

# 미국 대통령 선거 본선거

## 대통령 선거일과 출마자격

   **미국 대통령 선거일로 알고 있는 선거인단 선거일**

   미국의 대통령 선거는 4년마다 정기적으로 실시된다. 1792년 법률에 따라 주민들이 선거인단을 선거하는 선거일은 선거해 11월 첫째 월요일 다음 화요일이다. 지금까지 일반투표일자는 한 번도 변경하지 않았다. 대통령 선거일은 의회에서 결정하였는데 왜 미국 대통령 선거일을 11월 첫째 월요일 다음 화요일로 정했을까? 당시 의원들은 선거일을 결정하면서 다음과 같은 점을 고려하여 선거일을 선택하였다. 11월 초보다 더 늦춰 잡으면 눈이 예년보다 일찍 내릴 경우 유권자들이 투표장에 가기가 힘들고, 더 앞당기면 농업에 지장을 줄 것으로 우려해 이렇게 결정했다고 한다. 그러나 굳이 화요일로 정한 데는 이유가 있다. 교회에 가야하는 일요일과 수요일을 포함한 주말은 애초부터 검토 대상에 들지도 못했고, 월요일과 금요일은 각각 평일로 한 주의 첫날과 마지막 날이라 빠졌다. 목요일은 독립 이전 압정을 폈던 영국의 선거일이라 회피했다. 따라서 남은 요일이 화요일이므로 의원들은 화요일을 택하게 되었다. 여기에 매월 초하루는 회계처리 때문에 매우 바쁘다는 당시 사정을 감안해 선거가 초하루에 치러지는 일이 없도록 '첫 월요일 다음의 화요일'이라는 복잡한 규정을 만든 것이다.[35]

선출된 선거인단이 간접적으로 대통령을 뽑는 날짜는 1934년 전까지는 1월 첫째 월요일이었다. 그러나 1934년 수정헌법 제20조 규정과의 관계 법령이 개정되어 현재는 선거 해 12월 둘째 수요일 다음 월요일로 변경되어 오늘날까지 그대로 지속되고 있다. 2008년 대통령 선거에서 주민들이 직접 선거인단을 선출하는 일반투표일은 11월 4일이고 선거인단의 간접선거일은 12월 15일이다. 선거인단 투표의 계산은 선거해 익년 1월 6일 오후 1시 하원의장실에서 개표한다. 또한 선거인단의 과반수 득표자가 없을 때에는 하원에서 대통령을 선거하는데 선거는 1월 6일 상·하 양원 합동회의 이후부터 20일 대통령 취임일 전 사이에 실시된다.

### 대통령 출마자격

미국 대통령의 출마자격은 헌법 제2조 1절 5항에 규정되어 있다. ①미국에서 출생한 미국시민 ②미국에서 14년간 거주한 시민 ③만 35세 이상 ④민주·공화 양당 등의 정당 공천자, 그 외는 무소속 후보 등록규정에 의거해서 등록한 후보이어야 한다.[36] 미국인은 연방이 되기 전 13개주 식민시대가 거의 150년 이상 되었기 때문에 미국에서 출생하고 14년간 미국에서 거주한 자로 대통령 자격을 규정해도 큰 불편이 없었다. 초기에는 일정한 재산을 보유한 사람이라야 대통령출마자격이 있다는 제안도 있었지만 채택되지 않았다. 성별이나 신앙에 따른 제한도 없다.

미국 국민들이 위와 같은 형식적인 요건보다 실질적으로 대통령의 자격으로 원하는 것은 국가의 지도자로서 민주주의 정치철학, 경험, 도덕성, 민주주의 가치와 투철한 헌법정신을 갖고 있는 인격자를 원하고 있다. 왜냐하면 미국 대통령은 국가의 지도자이고 국민을 위해서 많은 일을 해야 하고 위기 시에 그 문제를 즉각 처리할 수 있는 대응 행동력이 있어야 하기 때문이다.[37] 제1, 2차 세계대전, 쿠바미사일위기, 월남전, 중동전, 9·11 국방부와 세계무역센터 테러, 아프가니스탄전 등과 같은 위기에 대처능력이 있어야 하기 때문이다.

### 선거운동

민주·공화당의 전당대회가 끝나면 11월에 각 주에 배정된 선거인단을 많이 확보하기 위해 본격적인 선거운동에 돌입한다. 대통령 선거운동에는 철저한 계획과 조직, 그리고 풍부한 선거자금 투입 등 탄력성 있고 다양한 방법이 동원되고 있다. 선거운동은 복잡하고 시간이 많이 소요되며 신경을 메마르게 하는 하나의 모험사업이다. 이 사업에는 여러 가지 다양한 기능과 활동을 조정하는 조직과 인원이 필요하다. 선거운동에는 넓게는 선거에 대한 미래의 활동계획, 일정표 작성, 언론기관에 대한 배려, 쟁점의 기획, 연설문 작성, 여론수렴, 언론기관에 대한 광고, 재정 그리고 정당과 이익집단과의 연계활동, 최종 지지표로 연결하는 등의 제반 활동이 모두 포함된다. 이러한 다양하고 거대한 과업을 완수하기 위하여 특별한 조직이 필요한 것이다. 최근의 모든 미국 대통령 선거운동은 이러한 조직을 통하여 치러졌다.[38]

본선거에서는 예비선거에서와는 달리 폭넓은 지지층을 확보하는 선거전략을 세워야 한다. 정강정책을 채택할 때도 극단적인 이념보다 진보와 보수를 다 포용할 수 있는 중도적인 입장을 취하는 것이 유리하다. 또한 큰 주에서 박빙으로 이겨 선거인단을 많이 확보하는 선거전략이 필요하다. 승자독점선거방식에서는 큰 주에서 단 1표의 근소한 표차로 이겨도 큰 주에 배정된 선거인단 모두를 가져갈 수 있기 때문에 작은 주에서 큰 표 차로 이기는 것보다 큰 주에서 근소한 표차로 이기는 것이 유리하다. 그리고 양당의 중립지역을 집중 공격하여 선점하는 전략도 필요하다. 이미 대세가 기울어진 지역에서의 선거운동은 돈과 시간만 낭비될 뿐이다. 종교와 소수인종을 포용할 수 있는 전략도 고려해야 한다.

미국 대통령 선거도 최첨단의 여론조사기법과 매스컴 그리고 전문선거컨설팅팀을 활용하여 선거운동을 전개하고 있기 때문에 선거자금이 매우 많이 소요된다. 후보자와 개인선거운동원들이 발로 뛰어 선거운동을 하기보다는 TV 등 매스컴선거운동이 대종을 이루고 효과가 크기 때문에 선거자금은 매스컴 쪽으로 점점 더 많이 들어가고 있다. 따라서 선거운동의 과학화와 돈 적게 드는 선거운동이 필요하다는 의견이 많다.

클린턴의 최고 전략가인 카빌James Carville은 아칸소Arkansas주의 리틀 록Littele Rock에 설치한 그들의 선거캠페인 본부를 '전쟁상황실'이라 불렀는데, 이곳에는 선거기간동안 매일 매시간대마다 축적되는 정보를 모니터하기 위해 컴퓨터, 텔레비전 그리고 다른 기술적 장치들이 설치되어 최첨단 회사의 핵심센터를 연상시켰다.

2000년 미국 대통령 선거전은 기술적 혁신부분에서 인터넷의 위력을 실감나게 보여주고 있었다. 즉, 웹사이트를 이용한 정책공개, 인터넷을 통한 자원봉사자와 기부금모집, 인터넷 캠페인, 웹사이트를 통한 여론조사 등 인터넷 정치는 기존의 정치의 형태를 흔들어 놓았다.[39]

## 선거인단 후보의 지명절차와 선거인단의 자격

### 선거인단 제도의 도입배경과 의미

2008년 미국 대통령 선거일로 알려져 있는 11월 4일은 대통령이 아니라 바로 선거인단을 선출하는 날이다. 미국 국민들이 대통령을 직선하지 않고 선거인단(Electoral College)을 뽑아 그들로 하여금 대통령을 간선하게 된 것은 인구가 적은 주들이 직선을 반대하였고, 예전 미국 국민들의 수준이 직접 훌륭한 대통령을 뽑을 수 있는 능력이 없었고, 그리고 교통·통신이 불편하였기 때문이었다.

미국에서 대통령 선거인단 선거방식을 채택하게 된 이유를 좀더 설명하면 다음과 같다. 첫째는 연방제적 성격이다. 각 주는 실질적으로 자기 주가 원하는 대통령 후보를 뽑는 셈이고, 50개 각 주의 결정을 합산하여 전체 선거인단의 과반수의 지지를 얻은 후보가 당선되도록 한 것이다. 그리고 합산하는 방법도 각 주의 인구비례에 의한 하원의원 수와 각 주마다 동일한 상원의원 수에 동등한 대표성을 부여하여 역시 연방제의 성격을 반영한 것이다. 둘째, 최소한 과반수의 지지를 획득해야만 당선을 인정함으로써 연방정부 수반의 정통성을 확보하려 했다고 볼 수 있다. 즉, 유권자 득표수에 있어서 과반수에 미치지 못한다 하더라도 선거인단 표에 있어서는 과반수를 득표한 후보가 대통령에 당선되게 한 것이다. 다른 나라의 경우에 총 투표자의 30-40% 정도의 득표로 대통령에 당선된 후

정통성의 시비가 벌어지는 것과 비교하면, 선거인단을 통한 과반수 확보가 보다 나은 방법이라고 할 수 있다. 셋째, 건국 당시의 정치상황이 이와 같은 제도를 낳았다고 볼 수 있다. 당시에는 교통과 통신이 발달되지 않았고 대중매체도 제한적이었으므로, 일반 유권자들이 대통령 후보들을 잘 알고 판단할 기회가 거의 없었다. 더욱이 건국 당시에는 정당의 존재나 필요성이 부인되고 있는 상황이었으므로 후보들이 대중들에게 알려질 수 있는 기회는 더욱 제한되었다.

이러한 상황에서 유권자들은 통상 자신이 알고 있는 후보, 즉 자기 주 출신의 후보를 선택할 것이고, 결국 전국적인 수준의 대통령 후보에 대해서는 잘 알 길이 없기 때문에 정치와 후보들에 대한 지식이 보다 많은 선거인단들에게 전국적인 대통령을 선출하도록 한 것이다.[40]

선거인단에 의한 대통령 간접선거는 각 주에 소속된 상·하 양원의 의원 수와 동수인 대통령 선거인단이 대통령을 선출하고, 만약 어떠한 후보자도 선거인의 과반수를 확보하지 못했을 경우에는 하원에서 1주 1표의 원칙을 바탕으로 건국 초기에는 상위 5명의 후보자 가운데서 그리고 1804년 수정 헌법 12조가 채택된 이후부터는 상위 3명 중에서 최종적으로 한 명을 대통령으로 선출하고 있다.


각 주별 선거인단 후보 지명 방법, 투표용지에 후보기명 여부

각 주에 배정된 선거인단 후보는 각 주의 주법과 정당의 당

규에 따라 다양한 방법으로 지명된다. 정당에 의해서 임명, 전당대회에서 선출, 예비선거에서 선출, 위원회에서 선출, 대통령 후보가 위촉, 법률가와 후보가 위촉, 그리고 특별한 임명절차에 의해서 선거인단 후보자가 결정되는 등의 경우가 있다. 또한 선거인단 후보 명단을 투표용지에 기재하는 주도 있고, 하지 않는 주도 있다. 다음 표에 투표용지에 선거인단 후보자 명단을 기재하는 주는 '있음'으로, 투표용지에 선거인단 후보자 명단을 기재하지 않는 주는 '없음'으로 표시하였다. 그리고 일반투표에서 당선된 선거인단이 12월 대통령 간선 때 자당 후보에게 투표하도록 법적으로 강제 규정되어 있는 주도 있고 규정이 없는 주도 있다. 선거인단 당선자가 12월에 대통령을 선출할 때 11월 당시 약속대로 해야 되는 주는 '있음'으로 표시하였고, 약속대로 하지 않고 선거인단들이 자유롭게 투표할 수 있는 주는 '없음'으로 표시하였다. 또한 약속을 지키지 않았을 때 처벌을 하는 주는 '위반 시 처벌'로 명기하였다.

선거인단의 자격과 신분

대통령 선거인단이 형식적이기는 하지만 후보들은 입후보하고 주민들은 선출하는 방식을 취하고 있다. 대통령 선거인단의 직위는 명예직이며 선거인단 후보로 지명되는 것은 당을 위한 과거의 봉사에 대한 보답적인 예우이다.[41]

## 주별 선거인단 구성 방식

| 주 | 후보임명절차 | 후보기명 | 주민지지이행규정 |
|---|---|---|---|
| 아칸소 | 정당 | 없음 | 있음 |
| 캘리포니아 | 정당 | 없음 | 있음 |
| 콜로라도 | 예비선거 | 있음 | 없음 |
| 코네티컷 | 전당대회 | 없음 | 없음 |
| 델라웨어 | 특별 | 없음 | 있음 |
| 워싱턴DC | 정당 | 없음 | 있음 |
| 플로리다 | 전당대회 | 없음 | 있음 |
| 조지아 | 전당대회 | 없음 | 없음 |
| 하와이 | 위원회 | 없음 | 있음 |
| 아이다호 | 위원회 | 없음 | 없음 |
| 일리노이 | 전당대회 | 없음 | 없음 |
| 인디애나 | 전당대회 | 없음 | 있음 |
| 아이오와 | 전당대회 | 있음 | 없음 |
| 캔자스 | 전당대회 | 없음 | 없음 |
| 켄터키 | 전당대회 | 없음 | 없음 |
| 루이지애나 | 전당대회 | 없음 | 없음 |
| 메인 | 정당 | 있음 | 없음 |
| 알라바마 | 정당 | 없음 | 없음 |
| 알라스카 | 정당 | 없음 | 없음 |
| 아리조나 | 전당대회 | 없음 | 있음 |
| 메릴랜드 | 전당대회 | 없음 | 있음 |
| 매사추세츠 | 위원회 | 없음 | 있음 |
| 미시간 | 전당대회 | 없음 | 없음 |
| 미네소타 | 전당대회 | 없음 | 없음 |
| 미시시피 | 예비선거 | 있음 | 없음 |
| 미주리 | 정당 | 없음 | 없음 |
| 몬타나 | 정당 | 없음 | 없음 |
| 네브래스카 | 전당대회 | 없음 | 없음 |
| 네바다 | 전당대회 | 없음 | 있음 |
| 뉴햄프셔 | 전당대회 | 없음 | 없음 |
| 뉴저지 | 위원회 | 없음 | 없음 |
| 뉴멕시코 | 전당대회 | 없음 | 위반시 처벌 |
| 뉴욕 | 위원회 | 없음 | 없음 |
| 노스캐롤라이나 | 전당대회 | 없음 | 위반시 처벌 |
| 노스다코타 | 전당대회 | 있음 | 없음 |
| 오하이오 | 전당대회 | 없음 | 있음 |
| 오클라호마 | 전당대회 | 있음 | 위반시 처벌 |
| 오리건 | 정당 | 없음 | 있음 |
| 펜실베이니아 | 대통령 후보 위촉 | 없음 | 없음 |
| 로드아일랜드 | 전당대회 | 없음 | 없음 |
| 사우스캐롤라이나 | 위원회 | 있음 | 위반시 처벌 |
| 사우스다코타 | 전당대회 | 있음 | 없음 |
| 테네시 | 정당 | 있음 | 있음 |
| 텍사스 | 정당 | 없음 | 없음 |
| 유타 | 전당대회 | 없음 | 없음 |
| 버몬트 | 전당대회 | 없음 | 없음 |
| 버지니아 | 전당대회 | 있음 | 있음 |
| 워싱턴 | 정당 | 없음 | 위반시 처벌 |
| 웨스트버지니아 | 전당대회 | 없음 | 없음 |
| 위스콘신 | 법률가&후보 위촉 | 없음 | 없음 |
| 와이오밍 | 전당대회 | 없음 | 있음 |

*http://www.nara.gov/fedreg/elctcoll/, 2001년 9월 1일 검색
*Thomas M. Durbin & Michael V. Seitzinger, Nomination and Election of the President and Vice President of the United States(Washington, DC, 1980)

대법원은 비록 선거인을 '주의 공무원'이라고 규정하고 있지만 일반적 수준에서 본다면 그들은 전혀 공무원이 아니다. 그들은 임기도 없고 보수도 받지 않으며, 그들의 유일한 기능인 대통령을 선출하는 임무를 수행한 후에는 그들은 선거인으로서도 존재할 수 없다. 헌법 2조 2항 단서에 연방 양원 의원과 공무원, 유급의 관직에 있는 사람은 선거인이 될 수 없도록 규정하고 있다. 단 주의회 의원과 공무원에게는 적용되지 않는다.[42] 대통령 선거인단은 4년마다 선출되면 고정된 임기 동안 재임하는 것이 아니라 대통령 및 부통령을 선출하는 기능만 수행하고 해산한다.[43] 선거인단은 법적인 자율성은 있지만 정치적인 의미에서는 실제로 자율성이 없는 형식적이고 기계적인 존재이다.

선거인단 수

각 주에 배정된 선거인단수는 각 주의 연방 상원의원 수와 하원의원 수를 합한 수와 같았다. 1789년 초대 대통령 선거 시 선거인단은 138명에 불과했다. 그러나 새로운 주가 가입되고 인구수도 증가하여 하원수도 증가함에 따라 선거인단 수도 증가하였다. 현재는 50개 주의 상원 100명, 하원 435명, 그리고 1961년부터 배정된 컬럼비아특별구인 워싱턴 D.C.에 3명을 합한 수와 동일한 538명으로 선거인단을 구성하고 있다.

각 주의 선거인단 수는 최소한 3명 이상이 되도록 규정하고 있다. 이것은 각 주마다 최소한 상원 2명과 하원 1명이 존재

해야 하는데 이들과 같은 수를 선거인단으로 배정하도록 되어 있기 때문이다. 워싱턴 D.C.의 선거권에 관한 것은 1961년 4월 수정헌법 제23조에 규정되어 있다. 워싱턴 D.C.의 선거인단 3명을 배정한 것은 가장 작은 주의 선거인단이 3명이 되어야 한다는 규정에 근거한 것이다.

워싱턴 D.C.에는 처음부터 오랫동안 선거인단이 없었다. 따라서 워싱턴 D.C.에 살고 있는 주민들은 대통령 선거권이 없다고 할 수 있었다. 워싱턴 D.C.에 선거권이 없는 이유는 헌법 제정자들이, 수도에 인구가 많이 모이고 정치적 힘이 집중되면 수도 또는 수도권이 독주할 가능성이 있기 때문에 민주주의와 분권화를 위해서 워싱턴시민에게는 대통령 선거권을 주지 않는 것이 좋다고 생각하였다. 그리고 대통령, 상·하원 의원, 장관 그리고 고위공직자는 임기가 끝나면 모두 고향으로 되돌아가 고향에서 다시 봉사를 하기 때문에 수도 워싱턴에 눌러 사는 사람이 거의 없었고 살아보아도 정치적 이득이 없었다.

그러나 지금 미국은 민주주의가 발전되고 분권화가 정착되어 있기 때문에 워싱턴 시민들에게 대통령 선거권을 부여한다고 해서 권력이 워싱턴에 집중되어 독재할 염려도 없고, 세월이 지나면서 현실적으로 수도에 살고 있는 시민이 늘고 그들에게 대통령 선거권을 줄 필요성이 있게 되었다. 그래서 1961년 수정헌법 제23조에 의해 대통령 선거인단 3명을 선출하는 권한이 부여되었다.[44] 1991년부터 2010년까지 주별 선거인단 수는 다음과 같다.

## 주별 선거인단수(1991~2010)

| 주 | 1991년~2001년 | 2001년~2010년 | 주 | 1991년~2001년 | 2001년~2010년 |
|---|---|---|---|---|---|
| 알라바마 | 9 | 9 | 몬타나 | 3 | 3 |
| 알래스카 | 3 | 3 | 네브래스카 | 5 | 5 |
| 아리조나 | 8 | 10 | 네바다 | 4 | 4 |
| 아칸소 | 6 | 6 | 뉴햄프셔 | 4 | 4 |
| 캘리포니아 | 54 | 55 | 뉴저지 | 15 | 15 |
| 콜로라도 | 8 | 9 | 뉴멕시코 | 5 | 5 |
| 코네티컷 | 8 | 7 | 뉴욕 | 33 | 31 |
| 델라웨어 | 3 | 3 | 노스캐롤라이나 | 14 | 15 |
| D. C. | 3 | 3 | 노스다코다 | 3 | 3 |
| 플로리다 | 25 | 27 | 오하이오 | 21 | 20 |
| 조지아 | 13 | 15 | 오클라호마 | 8 | 7 |
| 하와이 | 4 | 4 | 오리건 | 7 | 7 |
| 아이다호 | 4 | 4 | 펜실베이니아 | 23 | 21 |
| 일리노이즈 | 22 | 21 | 로드아일랜드 | 4 | 4 |
| 인디애나 | 12 | 11 | 사우스캐롤라이나 | 8 | 8 |
| 아이오와 | 7 | 7 | 사우스다코다 | 3 | 3 |
| 캔자스 | 6 | 6 | 테네시 | 11 | 11 |
| 켄터키 | 8 | 8 | 텍사스 | 32 | 34 |
| 루이지애나 | 9 | 9 | 유타 | 5 | 5 |
| 메인 | 4 | 4 | 버몬트 | 3 | 3 |
| 메릴랜드 | 10 | 10 | 버지니아 | 13 | 13 |
| 메사추세츠 | 12 | 12 | 워싱턴 | 11 | 11 |
| 미시간 | 18 | 17 | 웨스트버지니아 | 5 | 5 |
| 미네소타 | 10 | 10 | 위스콘신 | 11 | 11 |
| 미시시피 | 7 | 6 | 와이오밍 | 3 | 3 |
| 미주리 | 11 | 11 | | 계 : 538 | 계 : 538 |

*출처: 『미국선거 ' 96』(미문화공보원, 1996), p.47: ELECTION, 2004, p.9.

## 선거인단 선출과정

### 선거인단 선출 변천사

미국에서는 처음부터 주민들이 직접 대통령 선거인단을 선출한 것이 아니라 초기에는 주의회 의원들이 선거인단을 선출하였다. 처음 3차례 선거에서는 주로 주의회에서 선거인을 선정했다. 왜냐하면 초기에는 미국의 일반 시민들이 대통령을 선출하거나 대통령을 간접적으로 선출하는 선거인단을 선출할 수 있는 자격이 있다고 믿지 않았기 때문이다. 그러나 1800년대에 들어오면서 각 주별로 주민들이 직접 선거인단을 선출하는 관례가 생겼고, 그 후 국민들의 선거인단 선출권이 점차 자리를 잡게 되어 1832년에 이르러서는 거의 모든 주에서 주민들의 일반투표에 의해 선거인들이 선출되었다. 사우스 캐롤라이나 주만은 주의회가 1864년까지 선거인을 선정하였다.[45] 1890년대 미시간 주가 잠시 동안 주민들의 일반투표를 중지한 경우를 제외하고는 지금까지 주민들의 일반투표에 의해서 선거인단들이 선출되고 있다.

2008년 8, 9월에 전당대회가 끝나면 민주·공화 양당은 11월 4일 대통령 선거에서 선거인단을 많이 확보하기 위해 약 2개월 동안 전 국민을 상대로 전국적인 선거운동을 전개한다. 민주당과 공화당의 전당대회에서 각각 정·부통령 후보 지명이 끝나면, 그때부터는 당내의 경쟁은 끝나고 양당 간의 선거인단 득표 경쟁으로 이어진다.

## 주민들의 선거인단 선거

대통령 선거인단 선출을 위한 투표일은 연방헌법 제2조 제1항의 규정에 근거하여 1792년에 제정된 연방법률에 따라 11월 첫째 월요일 다음 화요일로 정해져 있다. 2008년 선거인단 선거일은 11월 4일이다. 이날 대통령 선거인단이 선출되어도 대통령 당선으로 그대로 이어지는 것은 아니지만 선거인단의 확정은 사실상 대통령 당선자를 결정하는 것이나 다름없고 그 이후의 절차는 사실상 형식적이라 할 수 있다.

유권자들은 형식적으로는 자기들의 주 대표 격인 선거인단을 선출하고 이들 선거인단들이 대통령을 뽑기 위한 투표를 한다. 즉 주민들은 형식적으로는 각 정당이 지명한 선거인 명부에 올라있는 선거인들에게 투표하는 셈이다. 그러나 각 주에서는 대통령 선거일에 과연 어떤 사람들이 민주당 대통령 선거인단 후보명단을 구성하며 또 어떤 사람들이 공화당 대통령 선거인단 후보명단을 구성하는지 명시하는 경우도 있지만, 명시하지 아니하는 경우가 많다. 어떤 주에서는 선거인단명부를 투표용지에 기입하지 않는 경우도 있다. 아리조나, 아이다호, 캔자스, 미시시피, 노스다코타, 오클라호마, 사우스캐롤라이나, 사우스다코타, 테네시, 버지니아 등 11개 주에서는 투표용지에 선거인단을 기명(나열)할 수 있지만 그 외 주는 선거인단 성명이 투표용지에 기명되어 있지 않다. 다만 선거관리위원회에 제출되어 있는 선거인단 명부에는 각 정당의 지명 선거인단들의 이름이 나열되어 있다. 흔히 정·부통령 후보들의 성명만이 투표용지에 나타나 있다. 따라서 실제로 주민들은 각 정당이 지명한 정·부통령 입후보자중 자기가 지지하는 대선 후보자에게 투표하는 것과 같다.[46]

각 주의 주민들은 비록 대통령 선거의 투표용지에 정·부통령 후보자들의 이름이 기재되어 있지만, 절차상으로는 대통령 후보(또는 부통령 후보)를 직접 선출하는 것이 아니다. 그 대신 유권자들은 대통령 선거인을 선출하는 것이다. 그리고 각 주에서 단 1표 차이라도 가장 많은 표를 얻은 후보가 그 주의 선거인단 전체를 가져가는 승자독점(Winner Take All)하도록 되어 있다. 단, 현재는 메인 주와 네브래스카 주에서만 혼합선거결정방법을 사용하고 있다.[47] 즉, 이 양 주에서는 상원 몫인 선거인단 2표는 메인 주와 네브래스카 주 전체에서 1표라도 더 많이 지지를 받은 정당에게 돌아가고 하원의 몫의 선거인단표는 메인 주 하원 선거구 2개와 네브래스카 주 하원 선거구 3개 각각에서 승리한 후보자에게 선거인단이 나뉘어 돌아가도록 되어 있다.

승자독점방식이란, 예를 들면 현재 캘리포니아 주의 선거인단이 55명인데, 투표자수가 3000만 명이라고 한다면 캘리포니아 투표자의 과반수에 1표가 많은 1500만1명이 민주당 선거인단에 투표했으면 민주당 선거인단 55명 전부가 당선자로 계산되고 공화당은 민주당과 비교해서 일반투표에서 겨우 2표 차이로 패배했는데도 불구하고 선거인단은 단 1명도 얻지 못하게 되는 것이다. 일반투표의 득표율에 따라 선거인단을 배분받는 것이 아니라 승자가 독점하도록 되어 있다.

각 주들의 대통령 선거인단 투표용지의 사례는 주법과 각 당의 당규에 따라 다양한데 예를 들면 아래와 같이 A, B, C의 사례를 들 수 있다.

A주와 같이 선거인단 후보를 투표용지에 나열하는 경우도 있고 B주와 같이 선거인단 후보를 투표용지에 나열하지 않고 각 정당의 정당명과 그들의 대통령 후보 명단만 나열하는 경우도 있다. 그러나 주민들의 일반투표에서 최종적으로 A주에서 1표라도 더 많이 획득하여 민주당이 승리했다면 A주에 배정된 선거인단 5명 전부가 민주당에게, B주에서는 공화당이 승리했다면 선거인단 후보명을 나열하지는 않았지만 B주에

### 2004년 대선 각 주들의 선거인단 투표용지의 사례

| A주<br>(선거인<br>단 5명) | 정당과 대통령<br>후보<br>(부통령후보) | 공화당<br>조지 W 부시<br>(딕 체니) | 민주당<br>존 케리<br>(존 에드워즈) | 개혁당<br>넬프네이더<br>(가메조) |
| --- | --- | --- | --- | --- |
| | 선거인단 후보 | A, B, C, D, E | A, B, C, D, E | A, B, C, D, E |
| | 州民 투표란 | | ○ | |
| B주<br>(선거인<br>단 10명) | 정당과 대통령<br>후보<br>(부통령후보) | 공화당<br>조지 W 부시<br>(딕 체니) | 민주당<br>존 케리<br>(존 에드워즈) | 개혁당<br>넬프네이더<br>(가메조) |
| | 선거인단 후보 | | | |
| | 州民 투표란 | ○ | | |
| C주<br>(선거인<br>단 4명) | 정당과 대통령<br>후보<br>(부통령후보) | 공화당<br>조지 W 부시<br>(딕 체니) | 민주당<br>존 케리<br>(존 에드워즈) | 개혁당<br>넬프네이더<br>(가메조) |
| | 선거인단 후보 | A, B, C, D | A, B, C, D | A, B, C, D |
| | 州民 투표란 | | | ○ |

배정된 10명의 선거인단 모두가 공화당 후보에게 돌아간다. C 주에서는 개혁당이 4표의 선거인단을 확보하게 되는 것이다.

각 후보들이 50개 주와 워싱턴 D. C. 각각에서 위와 같은 방법으로 확보한 선거인단 수를 합계해서, 총 538명 선거인단의 과반수인 270명 이상의 선거인단을 확보한 후보가 사실상 대통령에 당선되는 것이다.

대선 해 11월 선거에서는 법적으로는 대통령 선거인단을 선거하는 선거에 불과하지만, 정치적으로는 대통령을 직접 선출하는 의미를 가진다. 미국의 대통령 선거는 선거인단에 의한 간접선거이지만 그것은 정당에 의한 예비선거와 함께 그 선거인단은 구속적 위임의 대표를 의미하기 때문에 직선으로 간주되고 있다.[48] 2000년 선거결과와 같이 몇몇 예외를 제외하고는 선거인단 선거 투표일 당일 자정까지는 거의 예외 없이 선거의 결과가 판명되고 사실상의 대통령 당선자가 결정되고 낙선된 후보가 승자에게 축하하고 승자는 패자를 위로하는 일종의 정치극이 전개되는 것을 보면 직선과 같은 의미를 내포한다고 볼 수 있다.[49]

### 선거인단 투표방법과 기표방법

**_투표방법**

우리나라 국회의원과 대통령 선거는 직접 투표와 부재자 투표 두 가지가 있다. 미국의 의원과 대통령 선거는 선거일에 직접 투표소에 가서 투표하는 유권자가 가장 많지만 그 외 방법으로 부재자투표, 사전투표, 잠정투표, 우편투표, 우주투표 등 다양한 방법이 있다.

①부재자 투표: 선거일 현재 부득이한 사유로 타지에 가 있을 때 부재자 신고를 하고 우편으로 투표하는 방법을 말한다. 미국에서 부재자 투표 제도는 1896년에 버몬트 주가 처음 법률로 인정하면 점차 모든 주에 보급되기 시작하였다. 우리나라 부재자 투표와 별 차이가 없다.

②사전투표(조기투표): 투표일에 투표자가 투표할 지역에 있지만 일찍 투표를 하고 싶은 유권자나 또는 투표 당일 다른 바쁜 일 때문에 미리 투표하겠다는 사유서를 내면 선거일 전에 투표할 수 있는 제도다.

③잠정투표: 투표일에 투표소에 갔지만 선거인 명부에 등록에 차질이 있거나 본인임을 확인하기 어려울 때 우선 투표를 하게 하고 그 뒤 신분을 확인해서 투표의 정당성을 판정하는 선거 방법을 말한다. 잠정투표는 선거직후 바로 개표하는 주도 있지만 오하이오 주에서는 선거후 11일이 지나야 개표하도록 되어 있어 주마다 개표 방법과 시기가 다양하다. 승자와 패자 사이에 최종득표차가 잠정투표자 수보다 많을 때는 잠정투표는 개표하지 않는다.

④우편투표: 콜로라도 주 같은 데는 모두가 우편으로 투표하도록 되어있다.

⑤우주투표: 우주 비행사들이 우주에서 투표하는 제도이다.

국제우주정거장(ISS)에 도착한 미국인 우주비행사 '리로이 차오'는 우주투표 제도를 통해 투표에 참가하였다. 362Km 상공에서 미항공우주국(NASA)의 도움으로 보안 e메일을 통해 투표하는 것을 말한다. 미 우주비행사들은 주로 텍사스 휴스턴 근처에 사는데, 조지 W 부시 대통령이 주지사였을 때 텍사스 주법에 따라 우주에서도 투표를 할 수 있게 됐다.[50]

### _기표방법

우리나라에서는 모든 투표의 기표방법이 투표용지의 정해진 칸에 정해진 도장을 찍는 식이다. 그러나 미국에서 오늘날 사용되고 있는 투표방식은 다양하다.

①직접전자투표: 지지하는 후보자에게 전자 버튼을 누르는 방법으로 투표하는 것이다(Direct Recording Electronic, DRE).

②광학용지투표: 지지하는 후보자를 컴퓨터가 읽을 수 있는 컴퓨터용 사인펜으로 표시하는 투표방식이다(Mark Sense-Optical Scan).

③펀치카드투표: 지지하는 후보자 이름 앞에 컴퓨터 자료 입력이 가능한 펀치카드로 투표하는 방법이다(Punch Cards).

④기계식레버장치투표: 지지하는 후보 이름 옆에 기계레버를 당김으로써 투표하는 방식이다(Mechanical Lever Machines).

⑤종이투표: 우리나라 종이투표 방식과 비슷하다(Paper Ballots).

⑥혼합투표: 주에 따라서는 위의 5가지 방법을 혼용해서

투표하는 방식이다(Mixed Method).[51]

## 선거인단의 간접적인 대통령 선거

### 선거인단의 간접적인 대통령 선거과정

미국 국민들은 선거 해 11월 첫째 월요일 다음 화요일 즉 2008년 대통령 선거에서는 11월 4일에 선거인단 선거를 하고, 그 선거인단들은 선거 해의 12월 둘째 수요일 다음 월요일 즉 2008년 12월 15일에 각 주마다 주의 수도에 모여서 그들이 원하는 대통령 입후보자들에게 투표한다.

선거인단들은 대부분 주의 경우 12월 둘째 수요일 다음 월요일 정오에 주 의사당, 주 행정관청 또는 국무장관실에 모여서 투표하게 된다. 각 주에서 선거인단들의 투표가 끝나면 주지사는 워싱턴 총본부에 선거인단의 명단과 득표수를 기록한 증명서를 송부하여야 한다.[52]

2008년 12월 15일 각 주에서 선거인단들이 투표할 결과가 봉인되어 미국 정부가 있는 워싱턴 상원의장에게 송달되면 상원의장은 선거 해의 다음 해, 즉 2009년 1월 6일에 상·하 양원 의원이 출석한 가운데 이를 계산·발표한다.[53] 합동회의 개최일시는 1792년의 법률에 의하여 선거 해의 다음 해 2월 둘째 수요일이었으나 1932년 수정헌법 제20조가 채택된 이후는 선거 해의 다음 해 1월 6일로 정해졌다. 각 주에서 선거인단 투표 증명서가 송부되면 상원의장이 그 개봉을 감독한다. 의회는 단순한 기록장치에 불과하다. 계산이 종료되면 상원의장은 그 결과를 선언하고 대통령 당선자를 선포한다.[54] 개표 결과 총 선거인단 538명의 과반수인 270표 이상을 득표한 후보가 정·부통령에 당선된다.[55] 과반수 이상의 득표자가 없으면 대통령 선거는 하원에서, 부통령선거는 상원에서 하게 되어 있다.

선거인단의 선거방법은 헌법상 '비밀투표'로 되어 있지만, 실제로 대다수의 주에서는 전연 비밀로 행하여지지 않고 공개투표 형식으로 되어 있다. 이것은 초기부터의 관행이었고, 심지어 때로는 투표조차 하지 아니하는 예도 있다.

### 선거인단의 자당후보에게 투표하지 않는 이탈표 문제

11월 일반투표에서 당선된 선거인단들은 12월 둘째 수요일 다음 월요일에 소속당이 결정한 대통령 후보에게 투표하는 것이 관례이지만, 법적 강제력이 있는 것은 아니다. 선거인 개인 판단에 따라 다른 후보에게 투표하는 것이 가능하다. 법적으로는 선거인단들이 선거인단 당선 시 약속한 대로 하지 않아도 되지만 대체적으로 약속을 지키기 때문에 11월의 선거결과가 12월 선거인단의 선거에서도 그대로 나타나는 것이 일관적인 관례이다. 당락에 영향을 미치지는 않았지만 미국 역대 대통령 선거에서 선거인단의 반란사례는 12건이나 된다. 1820년, 1948년, 1956년, 1960년, 1968년, 1972년, 1976년, 1988년, 2000년, 2004년 대통령 선거에서 각 한 사람 이상의 선거

인이 주민들의 의사를 무시하고 자기가 원하는 대통령, 부통령 입후보자에게 투표를 하였다.[56]

### 국민들의 지지율과 선거인단 당선율의 불일치 문제

미국 각 주에 배정된 선거인단 당선을 결정하는 방법이 지지율에 따라 선거인단을 각 정당에서 가져가는 것이 아니라 어느 후보나 그 주에서 1표라도 주민들의 지지를 더 받으면 그 주에 배정된 선거인단을 모두 가져가는 승자독점방식을 채택하고 있기 때문에 전국적으로 국민들의 지지는 많이 받았으면서도 선거인단 득표를 적게 받아 패자가 되는 불합리한 문제가 있다. 2000년 대통령 선거 때 민주당 앨 고어는 현 부시 대통령보다 국민들의 지지는 50만 표 이상 이겼으면서도 선거인단에서는 4표가 져 낙선한 사례가 있다.

이 불합리한 점을 개선하기 위해서 대통령 선거를 주민이 직선하거나 주의 인구비례로 주에 선거인단을 배정하던지 아니면 주민들의 지지율에 따라 선거인단 당선자를 배정하자는 안이 있지만 이것은 모두 헌법 개정 사항이기 때문에 당분간은 시정되기 어려울 것이다.

## 의회의 간접적인 정·부통령 선거

### 의회의 정·부통령 선거

미국 헌법 제2조 1절 3항에 의하면 12월 둘째 수요일 다음 월요일에 선거인단의 간접투표에서 대통령 후보의 난립으로 선거인단의 과반수를 획득한 후보가 없을 때에는 대통령은 하원 그리고 부통령은 상원에서 선출하게 되어 있다. 초기에는 과반수 득표자가 2인이고 2인이 동수일 경우는 의회에서 즉시 비밀투표로 그 중 한사람을 대통령으로 선출하고 과반수 득표자가 없을 때는 하원은 선거인단 최다득표자 5명 중 한 명을 대통령으로 선출하였다.[57] 그러나 1804년 수정헌법 12조가 채택된 후부터 선거인단 과반수 득표자가 없을 때는 상위 3명 중에서 한 명을 대통령으로 선출하도록 변경되어 오늘에 이르고 있다.

대통령을 의회에서 선출할 때 하원의원 각자가 한 표씩 투표하는 것이 아니라 각 주마다 동등하게 1표씩 투표하도록 되어 있다. 따라서 각 주마다 주를 한 단위로 해서 동등하게 한 표씩만 투표권을 행사하기 때문에 각 주에 연방하원 의원이 많은 정당의 대표가 그 주의 대통령 선거권을 갖는다고 할 수 있다. 어떤 주에 여야의 하원의원 수가 동수가 되거나 의원이 한 단위로 의견이 모아지지 않고 그 주의 1명의 대표자를 결정하지 못할 경우 그 주는 투표권이 없는 것으로 취급된다. 따라서 50개 주가 각기 한 표씩 투표하기 때문에 총 50개 주 중 과반수인 26개 주 이상의 지지를 얻은 자가 대통령에 당선되는 것이다.[58] 그 선거에 필요한 정족수는 하원의원 3분의 2 이상 출석으로 성립한다.

또한 11월 일반투표를 거친 12월의 선거인단이 부통령을 선거하도록 되어 있는데 그 선거 결과 과반수의 득표자가 없을 때는 부통령은 상원에서 선거하도록 되어 있다. 연방 상원에서 부통령을 최종적으로 선거하는 경우에는 부통령 후보 최다득표자 2인 중에서 1인을 부통령으로 선출하고 그 선출에는 상원의원 3분의 2의 출석하에 의원총수의 과반수인 100중 51표를 획득하는 자가 부통령에 당선된다. 상원에서 선거할 때 각 주마다 1표씩 동등하게 투표권을 갖는 것이 아니라 50개 주 100명의 상원이 각자 1표씩 투표권을 행사할 수 있다.[59]

### 의회의 정·부통령 선거 사례

미국 역사상 하원에서 대통령의 결선투표를 통해 대통령을 선출한 사례는 2회나 있다.[60] 첫 번째는 1800년의 선거에서 제퍼슨T. Jefferson과 버A. Burr의 득표수가 각각 73표로 동수여서 하원에서 36차의 결선투표 끝에 제퍼슨을 대통령으로 아론 버를 부통령으로 결정하였다. 이는 원래 헌법 제2조 제1항 제3호가 대통령과 부통령을 지정하지 않고 각 선거인이 2명의 후보자에게 투표하여 과반수이상 득표자 중 최고득표자가 대통령이 되고 차점자가 부통령이 되게 하는 규정에 근거하고 있다.

두 번째로, 1824년의 선거에서 잭슨A. Jackson, 존 애덤스John Quincy Adams, 헨리 클레이Henry Clay, 윌리엄 크로포드William H. Crawford 등이 경쟁하였다. 일반투표에서 애덤스가 11만5696표를 획득한 데 비하여 잭슨은 19만2933표를 얻었고, 클레이는

4만7136표, 크로포드는 4만6979표를 얻었다. 그리고 후보가 난립하여 선거인단 득표에서 잭슨이 99표, 애덤스가 84표, 크로포드가 41표, 클레이가 37표를 득표하여 어느 후보도 선거인단 과반수를 확보하는 데 실패하였다.[61] 수정헌법 제12조에 따라 하원은 아무도 과반수 득표가 없었던 관계로 클레이를 제외한 3명을 놓고 대통령 선거를 하였다. 클레이가 애덤스를 지원함에 따라 애덤스가 일반투표의 승자인 잭슨을 누르고 대통령에 당선되었고 클레이는 애덤스 행정부의 국무장관으로 임명되었다.

1876년 대통령 선거에서는 의회가 직접 대통령을 선출한 것은 아니지만 투표의 유효성에 대해 재결정한 경우가 있었다. 민주당의 틸든은 일반투표에서 428만 표로 공화당 헤이스의 403만 표를 앞섰으며, 선거인투표에서도 틸든이 184표, 헤이스는 165표 밖에 획득하지 못해 선거인단 득표에서 틸튼이 승리했으나 과반수인 185표에 미달되었고 22명의 선거인단에 대한 논쟁이 생겨 대통령을 결정하지 못하고 대통령 당선 결정권이 하원으로 넘어가게 되었다.

의회가 위원회를 구성하여 투표의 유효성에 대하여 재결을 내리는 사태로까지 발전하였다. 투명성 확보를 위해 의회는 공화당 8명, 민주당 7명의 여야 합동위원회를 구성했다. 그러나 공화당이 우세했던 의회 특별위원회는 투표를 통해 공화당의 헤이스를 대통령 당선으로 결정했다.

## 대통령 권한 계승 절차

대통령임기 개시 전 유고시 대통령 권한 계승절차

미국과 같은 다단계의 대통령 선거제도하에서는 전당대회 때부터 대통령의 취임일 전까지의 기간에 대통령 후보자 내지 당선자가 사망하거나 사퇴하는 경우와 같이 우발적 사건이 발생할 수 있다. 이런 사건이 있을 때, 대통령 계승권이 어떻게 되는지 궁금하다. 첫째로, 전당대회와 일반투표 선거일 사이에 후보자가 사망할 때에는 법률상 보완책이 없다.[62] 둘째로, 일반투표 선거일과 공식적으로 선거인들이 대통령을 선임하는 날 사이에 사망한 때에는 이론적으로는 선거인에게 투표의 자유가 인정될 것이지만 전국위원회가 충원할 수 있는 당규에 따라 새 후보자의 지명가능성도 남아 있다. 이런 사례는 1872년의 민주당 후보인 그릴리Horace Greeley가 있었다. 그에게 서약한 66명의 선거인 중 조지아 주의 3명만이 그에게 투표하였는데, 이는 공식적인 선거결과에 계산되지 아니하였다. 셋째로, 12월 둘째 수요일 다음 월요일 선거인의 투표일과 1월 6일 의회에서의 선거인단 계산일 전에 사망한 때에는 이 투표는 계산하여야 하며 당연히 '당선자(a presidential-elect)'가 결정된다. 넷째로, 개표 계산일과 취임일 사이에 사망한 때에는 부통령당선자가 대통령직에 취임하게 된다.[63]

연방의회는 대통령 당선자와 부통령 당선자 두 명 다 자격을 구비하지 못하는 경우에 대비하여 법률로써 규정하고 대통령의 직무를 대행해야 할 자 또는 그 대행자의 선출방법을 제안할 수 있다.[64] 취임일에 대통령과 부통령이 모두 결원이 된 때에는 1947년의 자동승계법(Automatic Succession Act of 1947)에 의해 하원의장, 상원 임시의장, 내각의 각료 순으로 승계한다.[65]

1965년 7월 6일 발의되어 1967년 2월 10일 비준된 수정헌법 제25조 제1절에 대통령이 면직, 사망 또는 사임하는 경우에는 부통령이 대통령이 된다. 그리고 제2절에서는 부통령 결위 시에는 대통령이 부통령을 지명하고, 지명된 부통령은 연방의회 양원의 다수결에 의한 인준에 따라 취임한다고 규정하고 있다. 부통령은 대통령 계승권 외에 상원의 의장직을 맡게 되어 있다.

### 부통령의 대통령승계 사례

미국 역사상 부통령으로서 대통령의 사망, 사임 등으로 대통령직을 승계한 것은 테일러(J. Tyler: 10대), 필모어(M. Fillmore: 13대), 존슨(A. Johnson: 17대), 아서(C. Arthur: 21대), 루즈벨트(T. Roosevelt: 26대), 쿨리지(J. Coolidge: 30대), 트루만(H. Truman: 33대), 존슨(L. Johnson: 36대), 포드(G. Ford: 38대) 등 9명이다. 그리고, 1973년의 애그뉴S. Agnue 부통령의 사임으로 부통령에 지명된 포드G. Ford는 1974년 닉슨R. Nixon이 워터게이트 사건으로 사임함으로써 대통령직을 승계하였고, 공석이 된 부통령직에 록펠러N. Lockfeller를 지명함으로써 미국은 역사상 처음으로 선거에 의하여 선출되지 않은 대통령과 부통령을 갖게 되었다.

## 대통령 취임식과 임기

수정헌법 20조 채택 이전에는 대통령의 4년간이라는 임기는 매 윤년의 이듬해 3월 4일에 개시되고 있었다. 연합회의의 구의회는 헌법의 효력이 발생할 일자를 1789년의 3월의 첫 번째 수요일로 정하였는데 우연히도 그 날이 바로 3월 4일이었다. 그러나 실제로는 워싱턴은 그 해의 4월 30일까지도 대통령의 취임선서를 하지 않았었다. 이러한 사실에도 불구하고 1792년 3월 1일에 워싱턴은 제1회의 의회가 '공선된 대통령과 부통령의 4년 임기는 선거가 실시된 후 다음 3월 4일에 시작된다'라고 규정한 법률을 승인하였다. 이리하여 워싱턴의 첫 임기는 법적인 것은 아니지만 사실상 의회가 제정한 법률을 통하여 임기가 약 2개월간이나 단축되었던 것이다. 또한 프랭클린 루즈벨트 대통령의 임기도 수정 헌법 제20조의 효력 발생으로 인하여 워싱턴의 경우처럼 임기가 단축되었다.[66]

대통령의 직을 인계하는 것과 취임선서를 하는 것과의 시간 관계에 있어서는 전자가 앞서는 것이 명백하다. 1792년 3월 1일의 법률은 워싱턴이 1789년 3월 4일에 대통령이 되었다고 규정하였지만 그는 그해의 4월 30일까지 선서를 하지 않았다. 또 영국 국왕의 대관식에서 이와 비슷한 예를 볼 수 있다. 대관식이 때로는 왕위계승 후 수년간이나 연기된 경우

도 있었다.[67)]

본래 대통령 취임식은 3월 4일이었으나 1933년 비준된 수정 헌법 제20조에 따라 1월 20일로 변경되었다. 1933년 수정헌법 제20조를 제정하기 전에는 대통령, 부통령은 11월에 선거하여 다음해 3월 4일까지 그 취임을 기다리지 않으면 안 되었다. 제3대 대통령 선거 때부터 정당정치가 확립되고 그 후 계속 발달하여, 정당소속의 대통령 선거인단(Presidential election)을 주민이 11월에 선출하면 이미 대통령 당선이 확실하게 되므로 대통령 당선자가 약 4개월간 대기하는 것이 불합리한 것이라 하여 1932년 노리스Norris 상원의원이 그 시정책을 제안하였고, 이것이 1933년 수정헌법 제20조의 제정을 가져왔다.

수정헌법 제20조 2절에 새로이 선출된 의회의원은 그 집회가 법률로 다른 날을 정하지 아니하는 한 1월 3일에(종전에는 3월 4일) 개원하며 대통령 당선자는 1월 20일 정오에 취임하기로 된 것이다. 그러나 대통령의 권한이 확대되어 나가고 복잡다단한 국제적 문제가 많이 놓여 있는 오늘날 11월의 선거인단 선출에서 이미 대통령 당선자가 결정되는 것이나 다름없는 실정인데도 불구하고, 1월 20일까지 기다린다는 것 역시 길다고 본다.[68)]

대통령은 취임식을 가짐으로써 공식 집무를 시작하는데, 취임식은 전통적으로 연방의회 의사당 앞 층계에서 거행된다. 대통령은 대법원장의 주재 아래 성경에 손을 얹고 공개적으로 취임선서를 행한다. 그 선서문은 헌법 제2조 1절 8항에 다음과 같이 지정되어 있다.

"나는 미합중국 대통령의 직무를 성실히 수행하며 나의 능력의 최선을 다하여 미국 헌법을 보전하고 수호할 것을 엄숙히 선서한다"고 되어 있다. 취임선서식에 이어 새 대통령은 그의 행정부의 제반 정책과 시책을 설명하는 취임연설을 하도록 되어 있다.[69]

대통령 임기에 대해서 헌법제정회의는 7년 임기의 재선 허용 여부를 논의하였으나 결국 임기는 4년으로 하였고 미국 헌법이나 연방법에 대통령 재임에 관한 규정은 없었다. 그러나 초대 조지 워싱턴 대통령이 두 번째 임기를 마치고 스스로 퇴임하였다. 조지 워싱턴 초대 대통령은 3선도 가능했지만 재임하고 스스로 물러남으로써 그 후임자들도 단임 아니면 재임만 하고 퇴임하는 것이 전통으로 되어 왔었다.

비록 초기의 헌법에는 대통령의 연임에 관하여 규정한 바 없었지만 필라델피아 제헌회의의 지배적인 의견은 그의 무제한 연임에 찬성하는 편이었던 것은 의심할 바 없다. 대통령의 무제한 연임은 사실상 그것이 종신제가 될 것이고, 세습제로 변질되고 말 것이라 하여 반대한 사람은 제퍼슨이었다. 1940년 이전에 있어서는 비록 그 '임기'라는 어의에 관하여 약간의 궤변이 있기는 하였으나 대통령은 중임만 한다는 관념은 확정적인 전통이라고 일반적으로 생각하고 있었다.

그러나 1932년 민주당의 프랭클린 루즈벨트가 대통령에 당선된 뒤로 1940년에 3선, 1944년에 4선에 당선되어 1945년까지 재직하는 사태가 벌어졌다. 그래서 대통령 임기 제한에 관한 논의가 있게 되었고, 의회로 하여금 1947년 3월 24일에 이 전통을 헌법상의 명문으로 규정함으로써 중임만 할 수 있도록 헌법 개정을 제안하게 하였던 것이다. 이 개헌안은 미네소타 주가 마지막으로 승인함으로써 헌법 개정에 필요한 36주의 승인을 얻은 결과 1951년 2월 27일에 수정헌법의 효력이 발생하여[70] 그 임기를 제한, 중임만 하도록 명문화하였다.

수정헌법 제22조 제1절에 "어떤 사람도 2회를 초과하여 대통령직에 선출될 수 없으며 그 누구도 타인이 대통령으로 당선된 임기 중 2년 이상 대통령직에 있었거나 대통령 직무를 대행한 자는 1회를 초과하여 대통령직에 당선될 수 없다. 다만 본 규정은 연방의회가 이를 발의하였을 때에 대통령직에 있는 자에게 적용되지 아니하며, 또 본 규정이 효력을 발생하게 될 때에 대통령직에 있거나 대통령 직무를 대행하고 있는 자가 잔여 임기 중 대통령직에 있거나 대통령 직무를 대행하는 것을 방해하지 아니한다"고 규정하고 있다.

현재 조지 W 부시 대통령은 제43대 미국 대통령이다. 현재 미국 대통령이 몇 대 대통령이냐 하는 대수는 대통령 선거 회수와 일치하지 않고 한 명의 대통령이 연달아 몇 번 당선되더라도 대수가 올라가지 않는다. 예를 들면 프랭클린 루즈벨트 대통령은 연달아 4번 당선되었지만 제32대 대통령일 뿐이다. 다만 4년 대통령 하고 낙선하고 그 다음에 같은 사람이 당선되면 그것은 같은 사람이라도 대수가 올라간다. 민주당의 클

리블랜드 대통령은 제22대와 제24대 대통령을 역임했다. 우리의 경우, 대통령이 연임하면 대수가 올라간다. 대통령 선거 회수만큼 대통령 대수가 올라간다. 이승만 대통령은 1-4대, 박정희 대통령은 5-9대, 전두환 대통령은 10-11대 대통령이라 하며, 2007년 12월 19일 17번째 대통령 선거를 했기 때문에 이명박 대통령은 17대 대통령이다.

## 미국 대통령 선거의 교훈

미국 헌법의 제정과 미국 대통령 선거제도가 시작된 지 이제 220년이 넘어가고 있다. 그 오랜 시간 동안 전면적인 헌법 개정도 없었고, 대통령 선거제도도 전면적으로 고치지 않고 부분적인 개정과 변경을 통해 세계에서 가장 훌륭한 대통령 선거 경험과 대통령제를 유지, 발전시키고 있는 미국에서 우리는 무슨 교훈을 얻어야 할 것인가.

우리는 9회의 전면적인 개헌과 17회의 대통령 선거방법을 만들고 고치면서 제도적인 보완을 해왔지만 만족할 만한 대통령 선거와 대통령제를 체감하지 못하고 있다. 오히려 이를 통해 법과 제도의 문제가 아니라 법과 제도를 운영하는 우리에게 문제가 있음을 알 수 있다.

우리는 법과 제도가 즉각적인 진가를 발휘 못하면 법과제도의 탓으로 돌리고, 쉽게 법과 제도를 만들거나 고치는 경향이 없지 않다. 복잡하고 다단계적인 미국 대통령 선거를 불평

없이 잘 가꾸고 정착, 발전시키고 있는 미국인들의 인내심과
훌륭한 선거전통을 우리는 교훈으로 삼아야 할 것이다.

# 주

1) 윤용희, 『현대미국대통령선거론』, 청림, 2005, 71-72쪽.

2) 조선일보, 2007.11.23.

3) 한국일보, 2008.1.11.

4) 조선일보, 2008.1.22.

5) 동아일보, 2008.1.5.

6) 조선일보, 2008.1.5.

7) 중앙일보, 2008.1.10.

8) 경향신문, 2008.1.7.

9) 국민일보, 2008.1.10.

10) 한국일보, 2008.1.12.

11) 동아일보, 2008.3.6.

12) 장의진, "미국의 대통령선거제도", 『지방행정』, 1984, 49쪽.; 정연철, 「미국 대통령선거제도에 관한 연구」, 부산대학교 대학원 박사논문(1986.8.), 80쪽.

13) 최수경, "미국의 정치", 『미국의 이해』, 혜안, 2001, 42쪽.

14) 대한민국 국회도서관, 『미국 역대 대통령선거』, 국회도서관, 1980, 15-16쪽.

15) 매리 D. 나톨리, "유권자들의 선택: 미국대통령은 이렇게 뽑는다", 『시사논평』 12권 1호(1992.4.), 67쪽.

16) 미국 해외공보처, 『미국역사개관』, 1994, 130쪽.

17) 정연철, 앞의 논문, 81쪽.

18) 장병혜, 『미국정부』, 대한교과서주식회사, 1983, 180쪽.

19) 백상기, 『비교정치제도』, 형설출판사, 1987, 256쪽.

20) 토마스 베일리 외, 정성화·손영호 옮김, 『미국정당정치사』, 학지사, 1996, 191쪽.

21) 고광림, 『미국 대통령 선거론』, 일조각, 1981, 42쪽.

22) 마이크 라이프슨, "미국 정당들의 전당대회", 『시사논평』 제 12-2호, 1992, 12쪽.

23) 대한민국 국회도서관, 앞의 책, 19쪽.

24) 대한민국 국회도서관, 위의 책, 21쪽.

25) 장의진, 앞의 논문, 51쪽.

26) 정운복, 앞의 책, 265쪽.

27) 정운복, 위의 책, 266쪽.

28) 마이크 라이프슨, 앞의 논문, 10쪽.

29) 정운복, 『미국, 미국인, 미국사회』, 육문사, 1986, 266-267쪽.

30) 정운복, 앞의 책, 269쪽.

31) 정운복, 위의 책, 266쪽.

32) 유병곤, "미국의 선거제도(Ⅱ)", 『국회보』 2001년 3월호, 국회사무처, 2001, 109쪽.

33) 매일신문, 1988.11.3.

34) 조선일보, 1992.6.23.

35) http://ewincom.com/america/, 2001년 11월 27일 검색.

36) Alfred De Grazia, *The American Way of Government*, John Wiley & Sons. Inc., 1957, p.68.

37) Alfred De Grazia, Ibid, p.360.

38) 정연철, 앞의 논문, 89쪽.

39) 브루스 뉴만, 김충현·이수범 옮김, 『대통령의 선거마케팅』, 나남, 2000, 5쪽.

40) 백창제·최명, 『현대미국정치의 이해』, 서울대학교 출판부, 2000, 256-257쪽.

41) 엘리스 카츠, "미국의 대통령선거인단", 『시사논평』, 12권 2호, 1992, 38쪽.

42) 정연철, 앞의 논문, 5쪽.

43) 유병곤, "미국의 선거제도(Ⅰ)", 『국회보』 2001년 2월, 104쪽.

44) 조창현, 『지방자치란 무엇인가』, 동아일보사, 1988, 106쪽.

45) 엘리스 카츠, 앞의 논문, 37쪽.

46) 고광림, 앞의 책, 51쪽.

47) 유병곤, 앞의 논문, 110쪽.

48) 장석권, "미국의 대통령제", 『고시계』, 326호(1984. 4), 91쪽.

49) 윤명선, "미국의 대통령선거제도", 『경희행정논총』 제2집 1
호, 1986, 56쪽.

50) 동아일보, 2004.10.20.

51) 손병권 외, 『2000년 미국 대선』, 오름, 2001, 193-194쪽.

52) J. M. Burns & J. W. Peltason, *Government by the people 8th ed*,
pentice-Hall, 2000, p.284.

53) Alfred De Grazia, op.cit. p.277.

54) 윤명선, 앞의 논문, 56-57쪽.

55) 윤명선, 위의 논문, 48쪽.

56) 고광림, 앞의 책, 54쪽.

57) 토마스 베일리, 앞의 책, 215쪽.

58) 주한미공보원, 『미국정부개관』, 주한미공보원, 1983, 27쪽.

59) 이창희, "연방상원의원과 하원의원의 선거과정 및 권한상의
차이", 『입법조사월보』(1987.7.), 국회사무처, 56쪽.

60) J. M. Burns & J. W. Peltason, op.cit, p.285.

61) 신유섭, "책임있는 유권자론에서 본 2000년 미국 대선"(손병
권 외, 『2000년 미국 대선』, 오름, 2001.), 59쪽.

62) 이 기간에 사망한 후보자는 지금까지 한 명도 없었다.

63) 이러한 경우도 지금껏 한 번도 없었다.

64) 토마스 베일리, 앞의 책, 227쪽.

65) 윤명선, 앞의 논문, 49쪽.

66) 엄민영·이형호·김치선 옮김, 앞의 책, 94쪽.

67) 엄민영·이형호·김치선 옮김, 위의 책, 102쪽.

68) 문창주, 『미국정치제도론』, 영신문화사, 1960, 167-169쪽.

69) 주한미공보원, 『미국정부개관』, 27쪽.

70) 엄민영·이형호·김치선 옮김, 앞의 책, 95쪽.

## 미국의 대통령 선거

초판인쇄 2008년 3월 10일 | 초판발행 2008년 3월 15일
지은이 윤용희
펴낸이 심만수 | 펴낸곳 (주)살림출판사
출판등록 1989년 11월 1일 제9-210호

주소 413-756 경기도 파주시 교하읍 문발리 파주출판도시 522-2
전화번호 영업·(031)955-1350   기획편집·(031)955-1357
팩스 (031)955-1355
이메일 salleem@chol.com
홈페이지 http://www.sallimbooks.com

ISBN 978-89-522-0822-4 04080
     89-522-0096-9 04080 (세트)

책임편집·교정  정회엽

값 9,800원